WASSERSPIELE

WASSERSPIELE
VON DEN NUTZBARKEITEN DER LEIPZIGER GEWÄSSER

 Stadtgeschichtliches Museum Leipzig

Die Ausstellung wurde gefördert durch

Messeprojekt GmbH
Sparkasse Leipzig
Kies- und Natursteinbetriebe Leipzig GmbH,
Beucha
Naturstein, Restaurierung und Montage GmbH,
Leipzig

Dank an öffentliche und private Leihgeber

Marianne Albrecht, Leipzig
Georg Gehrt, Glauchau
Christiane Göbel, Leipzig
Harald Kirschner, Leipzig
Grassimuseum Leipzig,
Museum für Kunsthandwerk
Kreismuseum Grimma
Landesamt für Archäologie,
Landesmuseum für Vorgeschichte Dresden
Sammlung Laufen – ÖSPAG,
Gmunden/Österreich
Museum Schloß Bernburg
Naturkundemuseum Leipzig
Norddeutsches Landesmuseum,
Altonaer Museum Hamburg
Olympia, Handelsvertretung Leipzig
Dr. Gerlinde Rohr, Leipzig
Sportmuseum Leipzig
Staatliche Museen zu Berlin,
Museum für Volkskunde
Städtische Wasserwerke Leipzig GmbH
Erhard Wolf, Leipzig

Inhaltsverzeichnis

Frühe Siedlungen am Leipziger Gewässerknoten Friedemann Winkler	1
Zur Geschichte der Leipziger Wasserkünste Alice Hecht	11
Archäologische Befunde zur Entsorgung im mittelalterlichen Leipzig Karin Sczech	19
In der großen Seestadt Leipzig war einst eine Wassersnoth ... Zur Entstehungsgeschichte eines bekannten Liedes Brigitte Richter	27
Leipzigs Wassermühlen Renate Lübke	33
Kopftuch auf und Schürze um - der Waschtag ist da Katrin Sohl	43
Von der Badestube zum Schwimmbad Renate Lübke	53
Abenteuer an Leipziger Gewässern Aus dem Tagebuch eines Schülers von 1865 Brigitte Richter	65
Leipziger Brunnen Alice Hecht	71
Leipzigs Drang zum Meer Andreas Mai/Henning Steinführer	79
Die Öffnung und Renaturierung von Elster- und Pleißenmühlgraben – das Projekt NEUE UFER Heinz-Jürgen Böhme	89
Anhang	97

Du bist kein du, Wasser. –
Hättest nicht Ruh,
Mich auszuhören.
Ihr fließet immerzu und immer weiter und möglichst weit.

Siehet mein durstiges Staunen
In Euch doch immerzu andre.
Immer wieder mit über den Rand gespült,
Fängt es aus eurem Raunen
Nur eines auf: Wandre!

Was kümmert's euch,
Daß ein Mensch euch liebt.
Dauernd zerteilt euch selber enteilend,
Seid ihr getrieben ein treibendes
Ganzes, rein Bleibendes.

(Aus: Joachim Ringelnatz, Vorm Brunnen in Wimpfen.
In: 103 Gedichte, Rowohlt Berlin 1933)

Frühe Siedlungen am Leipziger Gewässerknoten

Friedemann Winkler

Im frühen ersten Jahrhundert tritt der Lindenort nahe der Weißen Elster und Pleiße, an der Parthe, kurz nacheinander zweimal ins Licht der Geschichte. 1015 wird die urbs Libzi[1] genannt, gemeint ist damals nicht die spätere Stadt, wie die exakte Übersetzung des Begriffs urbs lauten würde, sondern die Burg des 10./11. Jahrhunderts und deren Vorburgsiedlung auf dem späteren Matthäikirchhof, westlich der Fleischergasse und am Brühl. Im Gelände des Innenhofes der Leipziger Feuerversicherungsanstalt, aus jüngerer Vergangenheit noch als Staatssicherheitszentrale bekannt, wurde in den fünfziger Jahren durch Keramik- und Baurestfunde die alte Königsburg der Kolonialzeit und deren wettinische Nachfolgerin des 13. Jahrhunderts bei Ausgrabungen durch die Universität Leipzig nachgewiesen.[2] Stratigraphien und Datierungen beweisen, daß die Burg nach Eroberung und Abbruch des höchstgelegenen Teils einer slawischen Siedlung des späten 7. bis 9. Jahrhunderts angelegt worden war. Nördlich außerhalb der Burg und von ihr durch einen Befestigungsgraben getrennt, auf dem Hang zur Parthenniederung, lagen die Freihöfe der Burgoffiziere, deren Strukturen noch heute in den langgestreckten Grundstücken zwischen Großer Fleischergasse und Steilabbruch des Hügels im Westen erhalten sind. Die Geschichte eines äußeren Befestigungsgrabens der Burg und ihrer Vorburgsiedlung trat 1962 in einem Profil in der Baugrube des Wohn- und Geschäftshauses an der Ecke Kleine/Große Fleischergasse zutage und wurde durch Herbert Küas in allen Etappen erkundet, dokumentiert und veröffentlicht.[3] Die Rekonstruktion seines Verlaufs in Richtung Nordnordost ist zu Jahresbeginn bei Grabungen des Archäologischen Landesamtes Dresden in unmittelbarer Nachbarschaft bestätigt worden. Die ebenfalls bestätigte Datierung des Grabens ergibt zusammen mit der Topographie der Leipziger Burg, den Freihöfen und der Streuung spätslawischer und frühdeutscher Keramikfunde eine hohe Sicherheit der Schlußfolgerung, daß der Graben unter Einschluß des Platzes an der Einmündung von Großer Fleischergasse in den Brühl am Nordhang des Hügels in die Parthenaue auslief. An diesem Platz, von dem der Name „Eselsmarkt" überliefert ist, lag der älteste Markt der frühen Leipziger Vorburgsiedlung. Diese entwickelte sich nach Funden und Befunden aus jüngeren Perioden beiderseits des Brühl nach Osten.[4] Die Küassche Rekonstruktion einer erweiterten Vorburgsiedlung an der alten Königsstraße ist heute zusätzlich durch zwei dokumentierte Profile eines Grabens im Innenhof der Katharinenstraße 11 (Fregehaus, 1987)[5] und in der Baugrube des Wohn- und Geschäftshauses östlich der Reichsstraße (1966)[6] gesichert. Diese frühe Handwerker- und Marktsiedlung am Brühl war nicht das "Lipz" des Stadtbriefes von 1156–70/1216. Es entstand wenig später östlich der Reichsstraße um einen älteren Kirchenbau anstelle oder in unmittelbarer Nachbarschaft der archäologisch nachgewiesenen Nikolaikirche der Zeit um 1170. Diese Rekonstruktion von zwei Siedlungen,

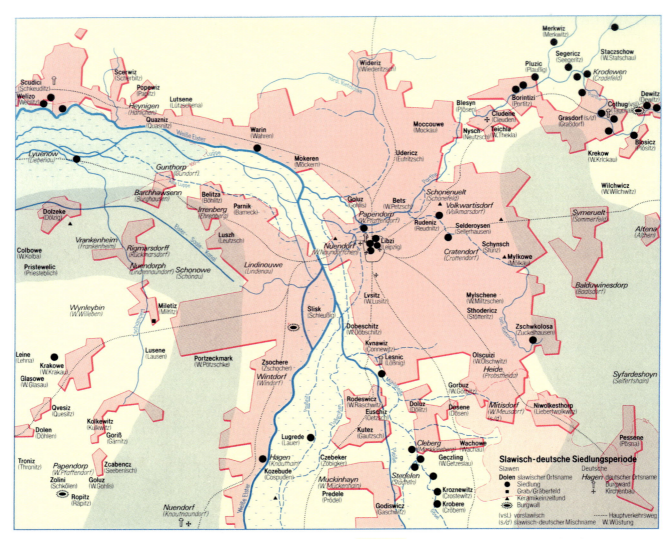

Materielle Hinterlassenschaften und Ortsnamen der slawischen Siedler (etwa 6. Jh. bis etwa 1000) sowie der deutschen Ostexpansion (etwa 1000 bis etwa 1200)

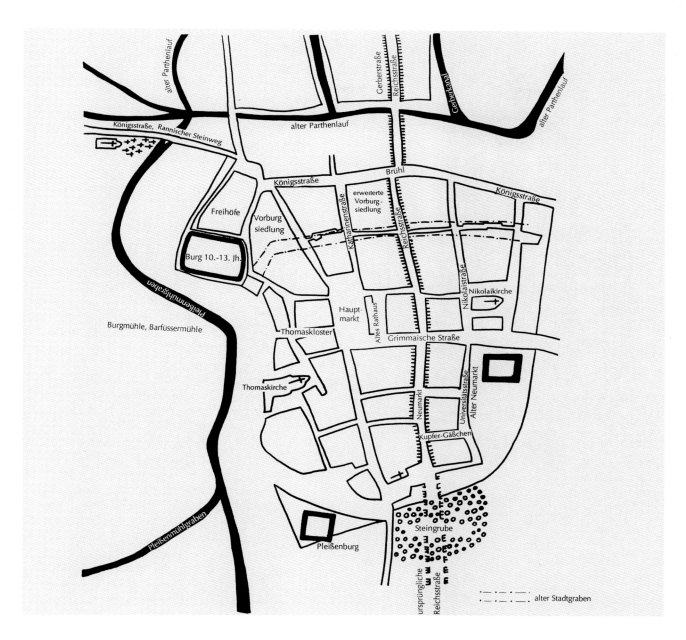

Siedlungen am Pleißenmühlgraben

Pilgerzeichen des Wallfahrtsortes Vierzehnheiligen bei Erfurt aus dem 14. Jh., gefunden in einer Dunggrube der Mühlgrabensiedlung

sicherlich unterschiedlichen Rechts, in den nördlichen und östlichen Vierteln des heutigen Stadtzentrums basiert auf Küas' Nachweis eines älteren Friedhofs durch Funde christlicher Bestattungen unter den Fundamenten der Nikolaikirche des 12. Jahrhunderts,[7] auf der erkennbaren archäologischen Topographie, den Datierungen angeführter und weiterer Befunde und dem Inhalt des Leipziger Stadtbriefs. Die mittelalterlich-neuzeitliche Vierteleinteilung Leipzigs[8] enthält deren Spur. Das wurde 1986 bis 1988 durch archäologische Datierungen der Vor- und Entstehungsgeschichte des Hauptmarktes offenbar, der um 1300 angelegt wurde[9] und in Mittelalter und Neuzeit weder zum Rannischen, noch zum Hallischen, sondern bezeichnenderweise zum Grimmaischen Viertel gehörte. Aus den archäologischen und historischen Stratigraphien, Beobachtungen und Daten um die Nikolaikirche und auf dem Hauptmarkt ergab sich, daß anstelle des in Verlängerung der Nikolaistraße historisch belegten „Alten Neumarktes" schon im 12. und 13. Jahrhundert der zeitlich zweite Leipziger Markt bestand und auf dem Hauptmarkt erst später der dritte, zugleich der erste Platzmarkt, entstand. Gegenüber der frühen Vorburgsiedlung auf der anderen Seite der Parthe, die damals noch im Bereich des heutigen Tröndlinrings mäandrierte, entdeckte Herbert Küas in Schachtungen für einen Fernheizungskanal in der Humboldtstraße Grabenprofile und Scherben als begrabene Überreste einer befestigten slawischen Siedlung des 8. bis 10. Jahrhunderts.[10] Es war die nördliche Nachbarsiedlung des slawischen Vorläufers der deutschen Burganlage und deren ebenfalls befestigter Handwerkersiedlung auf dem späteren Matthäikirchhof. Der Flurname des Geländes um Lortzing- und Humboldtstraße war mit „Alte Burg" überliefert. Folgerichtig vermuteten

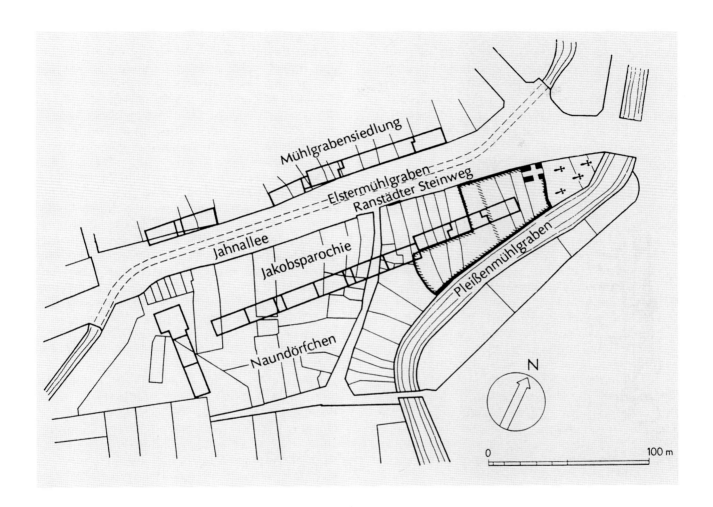

Mühlgrabensiedlung, Jakobsparochie und Naundörfchen

und suchten Leipziger Historiker traditionell nördlich davon im nahen Bogen der „Pleiße", eigentlich Parthe, die deutsche Burg der Kolonialzeit des 10. Jahrhunderts. Nach den archäologisch gesicherten Fakten können wir heute den Flurnamen der „Alten Burg" als Erinnerung an die Tatsache deuten, daß das Gebiet nördlich des Naturkundemuseums Leipzig seit der Eroberungszeit des slawischen Gaues Chutici zum Besitz der Leipziger Burg auf dem späteren Matthäikirchhof gehörte. Zu dieser Burg gehörte seit alter Zeit eine Burgmühle, im Hochmittelalter bekannt als Barfüßermühle, weil sie unterhalb des Franziskanerklosters lag, das nach 1224 auf einem Teil des Geländes der Leipziger Burg entstand. Zum Betrieb dieser Mühle war sicher schon im 12. Jahrhundert von der Pleiße ein Mühlgraben abgeleitet und an der Westseite des Hügels angelegt worden, auf dem sich seinerzeit und später die verschiedenen Siedlungskeime Leipzigs entwickelten. Nördlich nahe der Mühle war ein Kolonistenort mit dem bezeichnenden Namen Nuendorf entstanden.

Unterhalb der Burg gelegen und deren Mühle zugehörig, erlebte diese Siedlung eine wechselvolle Geschichte. Ursprünglich Lehen wettinischer Dienstleute und als solches 1285[11] erstmals genannt, anläßlich des Verkaufs an das Clarissenkloster Seußlitz, blieb sie lange eine relativ selbständige und abgeschlossene Siedlung dörflichen Charakters in der südlichen Rannischen Vorstadt, mit Höfen, Fuhrwerksgeschäften, Kleinhandels- und Handwerksbetrieben, bis sie im Bombenangriff 1943 unterging. So erinnert heute Geschichts- und Ortskundige nur noch die gerade Trasse der Lessingstraße, die zwischen Neubauten der fünfziger Jahre und verschont gebliebenen Gründerzeithäusern am ehemaligen südlichen Ortsrand verläuft, an die Struktur des alten Straßendorfes westlich des Pleißenmühlgrabens. Dieser, 1951 verrohrt, galt und gilt heute noch vielen Leipzigern schlechthin als „Pleiße". Daher erklärt sich die aktuelle und griffige Losung „Pleiße ans Licht", deren Verwirklichung nach erfolgter Gewässersanierung stadtökologisch von Wert, aber auch vom lokalhistorischen, denkmalpflegerischen Standpunkt begrüßenswert wäre.

Etwa gleichzeitig mit dem Pleißenmühlgraben muß der Elstermühlgraben zum Antrieb der Angermühle am Rannischen Steinweg (Jahnallee) angelegt worden sein, wenn deren Gleichsetzung mit der Mühle des Leipziger Stadtbriefes richtig ist, wofür manches spricht. Beide Mühlgräben wurden in die an der heutigen Rosentalgasse nach Norden abbiegende Parthe geleitet.[12] Damit war im Vorstadtgebiet ein Gewässerknoten entstanden, der, wie auch archäologisch nachgewiesen, wiederkehrende, großflächige Überschwemmungen zur Folge hatte. Diese wurden im 13. Jahrhundert mit der Umleitung der Parthe an der Gerberstraße nach Norden in ein neues Bett, in dem sie heute noch fließt, zwar nicht gänzlich verhindert, traten aber seltener auf. Nördlich des Naundörfchens lag eine weitere, ähnlich abgetrennte Siedlung, die Jakobsparochie. Dies war eine der Siedlungen, wie sie an den Jakobskapellen und -pilgerherbergen überall an den Wegen nach Santiago de Compostela entstanden. Einer der wichtigen Erfolge von Herbert Küas' Untersuchungen in den Fundamentgruben der Neubauten der fünfziger Jahre an der Jahnallee ist die Sicherung des annähernden Standortes der Jakobskapelle durch den Nachweis des zugehörigen Friedhofes im Winkel zwischen Jahnallee und Dittrichring. Er lag etwas westlich der Stelle, an der heute zwei Linden an den unterirdischen Verlauf der Mühlpleiße erinnern sollen.

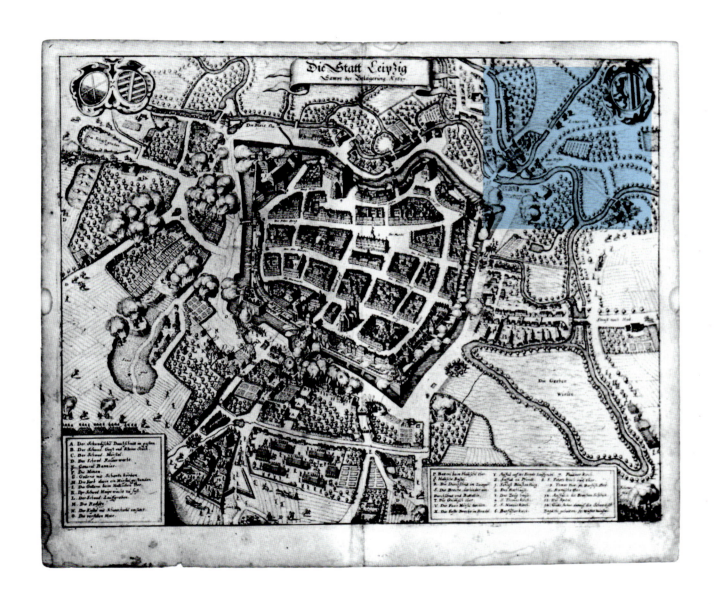

*Die Statt Leipzig
Sampt der Belagerung A°. 1637,
Kupferstich*

*Hervorhebung:
Der Leipziger Gewässerknoten*

Teile der Bekrönung eines Kachelofens aus dem gotischen Rathaus mit ältester Darstellung des Leipziger Stadtwappens, glasierte Hafnerware, vermutlich von Hans Kramer, um 1520

Auch nördlich des Rannischen Steinwegs lag eine Siedlung am Elstermühlgraben.[13] Wurden in der Jakobsparochie durch archäologische Funde Handwerker nachgewiesen, so ergab sich der ursprünglich landwirtschaftliche Charakter aus begrabenen, mittelalterlichen Dunggruben, in denen unter anderem landwirtschaftliche Geräte gefunden wurden. Später wandelte sich der Charakter der Siedlung durch die Anlage von Gasthöfen und Ausspannen, deren großräumige Höfe und Remisen auch Lastwagen aufnehmen konnten. In unmittelbarer Nachbarschaft, auf der anderen Seite des ehemaligen Parthenlaufs, lag das ältere, im frühen 13. Jahrhundert erwähnte Georgenhospital[14] im Gelände des heutigen Parkplatzes am Naturkundemuseum.

Auch nördlich des heutigen Tröndlinrings konnte mittelalterliche Besiedlung nachgewiesen werden. Schließlich ist noch an der nördlichen Reichsstraße, an der Hallischen Straße, die Gerbersiedlung zu erwähnen, an die der heutige Straßenname erinnert. Deren Bewohner gingen seit dem 13. Jahrhundert am nach Norden geleiteten Parthenwasser (Gerberkanal) ihrem Gewerbe nach. An der nach Norden verlegten Parthe, ihrem alten Bett im Westen zulaufend, betrieben sie eine Lohmühle.[15]

Zwei Jahre nach der Ersterwähnung der Siedlung Libzi wurde eine Kirche im gleichen Ort genannt,[16] deren genauer Standort unbekannt ist. Seit im Frühjahr 1941 nahe dem Ostende des Brühl am Tröndlinring christliche Bestattungen gefunden und zum Teil aus nur im damaligen politischen Umfeld erklärbaren, nicht stichhaltigen Gründen, ins 10./11. Jahrhundert datiert wurden, hielt sich hartnäckig die Theorie, daß dort Leipzigs älteste Kirche stand. Auch Herbert Küas folgte dieser These, offenbar weil sie zu verlockend war, bedenkt man die Nähe zu Leipzigs ältestem Markt unterhalb der Burg, an der Ecke Fleischergasse und Brühl. Zum möglichen Standort der Kirche von 1017 sei an die schon erwähnten Bestattungsfunde unter den Vorgängerfundamenten der Nikolaikirche erinnert.

Bei Ausgrabungen in der Thomaskirche wurden unter dem Fußboden eine Kulturschicht und Funde aus einer Eisenschmelzersiedlung des 12. Jahrhunderts gesichert,[17] Zeugnisse einer dritten Keimzelle Leipzigs. Der handwerkliche Charakter des gesamten jüngeren Siedlungsumfeldes trat kürzlich auch bei den Grabungen des Archäologischen Landesamtes an der Petersstraße zutage.

Unterhalb der Thomaskirche lag am Pleißenmühlgraben die im Zweiten Weltkrieg zerstörte Thomasmühle, deren umliegendes Gelände in Mittelalter und Neuzeit nicht weiter besiedelt war.

Am südlichen Stadtrand Leipzigs ist nahe dem Pleißenmühlgraben für das frühe 13. Jahrhundert noch eine der Zwingburgen Dietrichs des Bedrängten zu erwähnen,[18] an deren Stelle später die Pleißenburg stand.

Noch weiter südlich wurde die Kraft des Pleißenwassers durch die Nonnenmühle genutzt.[19] Schließlich ist als jüngste Mühle am Pleißenmühlgraben aus dem 15. und 16. Jahrhundert eine Poliermühle unmittelbar südlich der Mündung in die ehemalige Parthe belegt.

Um die frühe Siedlungsgeschichte zu vervollständigen, sei hier noch erwähnt, daß mehrere der alten Leipziger Stadtkeime ältere Vorläufer hatten, was die natürliche Siedlungsgunst der Standorte beweist. So konnten auf dem Matthäikirchhof jungsteinzeitliche Siedlungen der Bandkeramik vor sechstausend Jahren, der Salzmünder Kultur und der Kugelamphorenkultur vor über viertausend Jahren durch Gruben- und Scherbenfunde nachgewiesen werden. Vor etwa dreitausend Jahren existierte am gleichen Platz eine Siedlung der bronzezeitlichen Lausitzer Kultur, und um die Zeitenwende siedelten Germanen auf dem Sporn über der Ebene des Elster-Pleiße-Tales und der Parthe. Auch unter der Thomaskirche wurden bandkeramische, bronzezeitliche und germanische Scherben als Spuren urgeschichtlicher Siedlungen gefunden.[20]

Nutzten die Menschen in ur- und frühgeschichtlicher Zeit Quellen, die wir auf dem Gelände des heutigen Stadtkerns vermuten dürfen, so führten die mittelalterlichen Bewohner Leipzigs und seiner damaligen Vorstadtsiedlungen in organisierter Arbeit von der Elster und Pleiße Wasser zum Mühlenbetrieb heran und schufen schon im 13. Jahrhundert ein großes Regulierungswerk durch die Umleitung der Parthe. So gesehen, sind diese und die noch unterirdischen alten Mühlgräben Denkmale der Leistungen vergangener Generationen.

Anmerkungen

1   Thietmar von Merseburg, Chronik, II, 7, 25
2   Küas, Herbert, Das alte Leipzig in archäologischer Sicht, Berlin 1976
3   Ebenda, Abb. 3, 21, 22, 23, S. 167–171
4   Ebenda, S.209–212
5   Winkler, Friedemann, Grabungsakten Naturkundemuseum Leipzig 1987; Neue archäologische Beobachtungen zur Leipziger Stadtkernforschung. In: Archäologische Stadtkernforschungen in Sachsen. Arbeits- und Forschungsberichte zur sächsischen Bodendenkmalpflege, Beiheft 19, Berlin 1990, S. 39–53

6 Küas, a. a. O., S. 200–202
7 Ebenda, S. 202–205
8 Müller, Ernst, Die ältere Topographie Leipzigs mit Markt und Rathaus als Stadtmittelpunkt. In: Füßler, Heinz und Heinrich Wichmann, Das Alte Rathaus zu Leipzig, Berlin 1958, S. 7–13
9 Winkler, Friedemann, Grabungsakten Naturkundemuseum Leipzig 1987; Neue archäologische Beobachtungen zur Leipziger Stadtkernforschung. In: Archäologische Stadtkernforschungen in Sachsen, a. a. O.
10 Küas, a. a. O., S. 174–177
11 Kehr, P. (Hrsg.), Urkundenbuch des Hochstifts Merseburg, Halle 1899, Nr. 481
12 Grebenstein, Georg, Die Leipziger Flußbauten im frühen Mittelalter. Masch.-Schrift im Stadtgeschichtlichen Museum Leipzig und im Naturkundemuseum Leipzig, Leipzig 1953, 1959
13 Küas, Herbert, Mittelalterliche Keramik und andere Funde von Ranstädter Steinweg und Pleißenmühlgraben zu Leipzig. In: Arbeits- und Forschungsberichte zur sächsischen Bodendenkmalpflege, Bd. 14/15, Berlin 1966, S. 347–519
14 Urkundenbuch der Stadt Leipzig, Bd. 2, No. 1, Leipzig 1870
15 Küas, a. a. O.; Farbtafel VIII-X, 35; XI, 78
16 Thietmar von Merseburg, II, 66
17 Küas, a. a. O., S. 187–189
18 Pertz, G. H. (Hrsg.), Annales Pegavienses, XVI, S. 268 ff.
19 Küas, a. a. O., Farbtafel XI, 80
20 Hanitzsch, Helmut und Gerhard Mildenberger, Die vorgeschichtliche Besiedlung im Bereich des Matthäikirchhofs. In: Forschungen zur Vor- und Frühgeschichte Nr. 4, Stadtkernforschung in Leipzig, Leipzig 1969, S. 45–85

Zur Geschichte der Leipziger Wasserkünste

Alice Hecht

Versuche, die wohlhabende Handelsstadt Leipzig mit einer Wasserleitung zu versehen, sind bis ans Ende des 15. Jahrhunderts nachweisbar.

1496 wurde die erste hölzerne Wasserleitung von Schöpperitz Wiesen in die Stadt geführt. Das technische Gutachten für die Quellwasserversorgung wurde 1489 von einem Freiberger Röhrmeister erstellt. Diese Wasserleitung erwies sich als sehr störanfällig; zudem reichte sie nicht aus, das Trinkwasser direkt in die Bürgerhäuser zu leiten. Deshalb beauftragten die Stadtväter 1498 einen Röhrmeister aus Geyer, die Quelle des Marienbrunnens und die feuchtigkeitsträchtige Flur um den Thonberg zu prüfen. Er befürwortete den Bau der Wasserleitung vom Marienbrunnen. Andreas Gentzsch, Röhrmeister aus Freiberg, erhielt 1500 vom Leipziger Rat die Aufgabe, die Wasserquellen des Marienbrunnens und von der höher gelegenen Stötteritzer Flur in die Stadt zu leiten. Von 1501 bis 1504 arbeitete Gentzsch mit mehreren Gesellen ununterbrochen an dieser Leitung, die siebzehn Bürgerhäusern, dem Paulinerkloster sowie zwei öffentlichen Röhrkästen auf dem Markt und im Brühl Trinkwasser spendete.

Der Wasserleitungsbau war sehr aufwendig, denn für die hölzerne Rohrleitung bis zum Stadtzentrum wurden eintausendzweihundert Rohre mit einer Länge von je 2,50 Metern benötigt. Sehr mühsam war es für die Röhrleitungsbauer, die Kiefernstämme in passende Stücke zu schneiden, zu entrinden, festzuklemmen und auszuhöhlen.

Bald reichte auch diese Wasserleitung für den ständig steigenden Trinkwasserverbrauch der Leipziger Bürger nicht mehr aus. Im Stadtgebiet, vor dem Gelände der Pleißenburg, gab es eine Wasserkunst, die Martin Bauer 1501 privat gebaut hatte. Das von ihr gehobene Pleißenwasser aus dem Nonnenmühlgraben speiste die Wasserspiele im Garten der Nonnen des Benediktinerordens.

Zunächst weigerte sich der Rat, die Bauersche Wasserkunst käuflich zu erwerben. 1514 beschließt er aber, „... er wollen sich befleißigen, ob man das Wasser bei der Nonnenmühl möcht in die Stadt bringen, denn das itzige Wasser ist fast (sehr) wenig und gehet selten".[1]

Von 1517 bis 1519 wurde an einer Wasserkunst für die Stadt gearbeitet. Zusätzlich wurden die 1521 abgekaufte Bauersche Wasserkunst und die dafür erforderliche Wasserkraft aus dem Pleißenmühlgraben für die städtische Wasserleitung genutzt.

1539 holte der Rat die Gebrüder Heufelder aus München, um die Förderleistung der Leipziger Wasserkunst zu verbessern. Es wurde ein zweites Wasserrad eingebaut und weitere Pumpen aufgestellt. Ein Röhrmeister überwachte mit mehreren Helfern die Wasserkunst und erhielt dafür fünfzehn Groschen Wochenlohn.

Während der Belagerung Leipzigs im Schmalkaldischen Krieg, im Januar 1547, brannte die Bauersche Wasserkunst ab. Der Bürgermeister Hieronymus Lotter und engagierte Leipziger Handelsbürger nahmen 1556 den weiteren Ausbau und die Verbesserung der Röhrwasserleitung in Angriff. Von 1561 bis 1564 wurde eine neue

Johann Friedrich Dähne, Prospect und Profil der Thonberger WaßerQvellen, aquarellierte Federzeichnung, 1745

Wasserkunst gegenüber der Nonnenmühle errichtet. Sie ging in die Leipziger Stadtgeschichte als Rote Wasserkunst ein, da die Fenster- und Türrahmeneinfassungen aus rotem Rochlitzer Porphyrtuff bestanden. Der Mathematiker Winderdink konstruierte die technische Anlage. 1587 findet Ulrich Groß die Rote Wasserkunst mit folgender Beschreibung erwähnenswert: „An der Pleiße ist ein kunstreicher Wasserturm, darinnen das Wasser gehoben, durch Röhren in die Stadt geleitet und unter die Bürgerschaft dermaßen verteilet wird, daß fast alle fürnehmen Häuser mit herrlichen springenden Brunnen versehen."[2]

Große Beschädigungen erlitt die Rote Wasserkunst während des Dreißigjährigen Krieges. Die schwedischen Belagerer entführten sämtliche Messingteile als Kriegsbeute nach Erfurt, von wo sie glücklicherweise am 13. Februar 1643 auf Befehl ihres Kommandanten nach Leipzig zurückkehrten. 1670 erbauten der Obervogt Peter Saupe und der Kunstmeister Paul Schlegel die Schwarze Wasserkunst in der Nähe der heutigen Harkortstraße. Die Schäden an der Roten Wasserkunst wurden beseitigt, so daß nunmehr zwei Wasserkünste, vor dem Peterstor gegenüber der Pleißenburg gelegen, die Handelsstadt mit Trinkwasser versorgten. Kunstmeister mit ihren Knechten führten die umfangreichen Unterhaltungs- und Instandsetzungsarbeiten aus. Der Kunstmeister hatte seine Wohnung gleich im Bereich der Schwarzen Wasserkunst. Bei Wassermangel gab es Probleme mit der Wasserförderung. Oft war der Kunstmeister gezwungen, die Mühlen zu kontrollieren, ob sie unberechtigterweise das Wasser zum Mahlen gestaut hatten. Im Winter arbeiteten die Wasserkünste Tag und Nacht, da die Gefahr des Einfrierens beim Stillstand der Anlagen sehr groß war.

Auf einem überaus wertvollen Unikat, dem „GrundRiß des RöhrWassers sampt allen Gebäuden der Stadt Leipzig" von 1693, den das Stadtgeschichtliche Museum besitzt, sind für Leipzig in einmaliger Weise die technische Darstellung der beiden Wasserkünste, der Verlauf der Röhrwasserleitung sowie die Zulaufstellen des Trinkwassers in die Höfe der Bürgerhäuser festgehalten worden. Der imposante, 1,31 Meter hohe und 2,52 Meter breite Plan, gezeichnet vom städtischen Obervogt Johann Michael Senckeisen, stellt den Neubau der Wasserkünste nach 1670 vor. Am oberen Rand wird der Plan von einer zart ausgeführten Titelkartusche geschmückt, zu der eine Stadtansicht, das Stadtwappen und die Götter Merkur und Athene gehören. Der untere Planrand zeigt ein gewundenes Spruchband, auf dem die Bürger- und Baumeister der Stadt Dr. Adrian Steeger, Christoph Schütze und Hieronymus Jacob Rüßel verzeichnet sind. Der Röhrwasserplan besteht aus drei Tafeln und ist wie ein Altarbild zum Aufklappen angelegt. Die linke Tafel stellt "Die sogenandte Rothe=Kunst" vor. Diese Pumpstation versorgte den östlichen Teil Leipzigs mit Trinkwasser. Handschriftlich sind die Grundstückseigentümer und Trinkwasserabnehmer des Peters- und des Ranstädter Viertels erfaßt sowie die Funktionsweise der Wasserkünste und der Röhrwasserleitung beschrieben: „Diesen Grund Riß sampt der Leitung des Röhr Wassers desto besser zu verstehen, so geschicht die Röhr Wasserleitung der Stadt Leipzig vermittelst zweier Wasser Künste, so vor dem Peters Thore an der Pleiße sich befinden, denen die obere die Rothe, die andere zwischen der Nonnen Mühle und des Kunstmeisters Wohnung, die Schwartze Kunst genennet wird. Es hat aber jede Kunst zwei Wasser Räder, dadurch das Kunst Werk getrieben und das Wasser in der Rothen Kunst

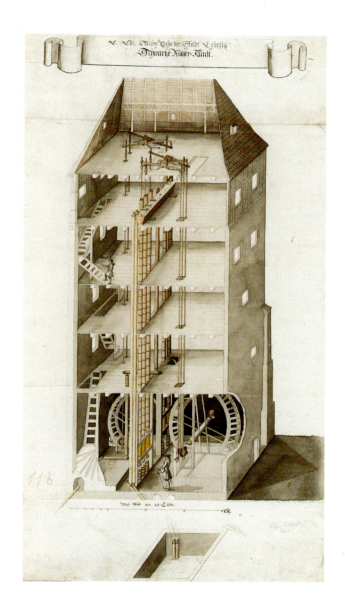

Johann Friedrich Dähne, Schwartze Wasser=Kunst, aquarellierte Federzeichnung, 1739

29 Ellen hoch in der Schwartzen Kunst aber 27 Ellen hochgebracht wird. In jedweder Kunst ist zu oberst eine kupferne Wanne, darein in der Rothen Kunst 6 gösse (Ausgüsse, d. V.) und in der Schwartzen Kunst 5 gösse ausgießen, und weil bei jeder Kunst zwei große Quellbrunnen seyn, als wird das meiste Wasser aus diesen Brunnen vermittelst der Künste gehoben und allsoviel Quell und Fließ Wasser in die Stadt gebracht. Aus gedachten (überdachten, d. V.) kupfernen Wannen fället das Wasser in die Haupt Röhren, deren in jeder Kunst drey sind, so aber von der Rothen Kunst an in mehre Röhren und zwar insgesamt in 7 Haupt Röhren verteilet und jede Röhre mit gewissen Namen benennet wird, wie solches aus dem Grund Riß mit mehren zu ersehen. Von bemeldeten 7 Haupt Röhren nehmen 5 ihren Weg nach dem Peters Thor durch den Stadtgraben in das daselbst befindliche Wasser Haus, ergießen sich in eine kupferne Wanne, und hier von wird das Wasser durch Aufsicht des Röhrmeisters ferner in die Häuser der Stadt nach dem verordneten Wassermaß, zu halben und gantzen Wassern soviel einen jeden gehöret geleitet, die andern zwei Haupt Röhren gehen aus der Schwartzen Kunst zwischen der Pleiße und dem Schloße nach dem Thomas Thor über den Stadtgraben in das Wasserhaus daselbst, darinnen das Wasser abermals perpendiculariter (mit der Schwengelpumpe, d. V.) 14 Ellen hochsteiget, und sich ebenermaßen in eine kupferne Wanne, ergeust (ergießt, d. V.). Von da ab wird das Wasser ferner durch Aufsicht des Kunstmeisters in die Häuser so viel einem jeden zu kommt in die Stadt gebracht. Es werden aber von allen 7 Haupt Röhren insgesamt 196 lebendige Wasser bestehend in gantzen, halben, und vierteln Wassern in der Stadt in die Häuser verteilet, davon noch 125 abfälle kommen, das also in 321 Häusern Röhr Wasser ist, wie solches bei jeden Rahmen des Hauses zwischen ersten beiden Linien zu ersehen und der Nummer auf Risse deutlich weiset. Was die Quell und Röhrbrunnen so ins gemein der Stadt gehören anlangen, weiset solches der Riß in welchen Gassen und vor welchen Häusern man solche finden kan."

„Die sogenandte Schwartze=Kunst", die Vorderansicht des Rathauses sowie ein Verzeichnis der Grundstückseigentümer im Hallischen und im Grimmischen Viertel sind auf der rechten Tafel des Planes zu finden. Die Schwarze Kunst versorgte hauptsächlich den westlichen Teil der Stadt mit Frischwasser.

Der Röhrwasserplan ist der früheste Katasterplan der Handelsstadt Leipzig. Auf ihm sind achthundertzweiundsiebzig Grundstücke verzeichnet und fortlaufend nach den vier Stadtteilen numeriert. Die Mitteltafel des Planes zeigt den eigentlichen schematisierten Stadtgrundriß mit dem Verlauf der Wasserröhren. 1693 bestand die Wasserleitung aus sieben Hauptröhren, von denen fünf von der Roten Wasserkunst durch den Stadtgraben zum Wasserhaus am Peterstor führten. Von der Schwarzen Wasserkunst liefen zwei Hauptröhren zum Wasserhaus an der Thomaspforte beim Stadtgraben. Von hier wurde das Wasser zu einhundertsechsundneunzig Abnehmern mit einem sogenannten „lebendigen Wasser", die direkten Anschluß an die Röhren hatten, und zu einhundertfünfundzwanzig Abnehmern von sogenannten „Abfällen" als Abzweigungen von erstgenannten geleitet. Deutlich sind auf dem Plan die dreihunderteinundzwanzig Wasserstellen – als Bottiche oder Röhrkästen bezeichnet – in den Höfen der Hausgrundstücke erkennbar. Nahezu vierzig Prozent aller Häuser in Leipzig hatten demzufolge Anschluß an das Röhrwasser. Darüber hinaus fand „man in allen Gassen und auff

*Johann Michael Senckeisen, GrundRiß des RöhrWassers
sampt allen Gebäuden der Stadt Leipzig,
farbige Federzeichnung, 1693*

denen Märckten schöne wasserreiche Cistern- und Ziehbrunnen / desgleichen etliche grosse Röhrkästen / alle steinern / ... daraus sich das gemeine Volck / und die / welche das Röhrwasser nicht in den Häusern haben / nach Nothdurfft Wassers erhohlen können".[3]

Vierundzwanzig dieser öffentlichen Wasserstellen sind auf dem Röhrwasserplan auszumachen. Auffallend ist, daß die Anwohner um die Barfußkirche nur den Brunnen auf dem Barfußkirchhof, ihre einzige Trinkwasserstelle, nutzen konnten. Der Plan kennzeichnet auch jene Gebäude, die im engen Zusammenhang mit der Wasserversorgung in der Stadt standen.

So sind das Wasserhaus und „Röhrwachmeisters Wohnung" am Thomaspförtchen, der „Wasserschatz" am Sperlingsberg, der auf dem höchstgelegenen Punkt der Stadt lag, sowie die Wohnung des Röhrmeisters an der „Kalchhütte" (Kalkhütte, d. V.) am Peterstor detailliert und numeriert ausgewiesen.

Die Leipziger Radwasserkünste waren Einrichtungen zum Heben des damals noch genießbaren Pleißenwassers. Jede der beiden Wasserkünste besaß zwei Wasserräder, die zum Antrieb der Pumpen dienten. In der Roten Kunst trieben sie sechs, in der Schwarzen Kunst fünf Pumpen. An den Achsenden der Wasserräder saß eine Kurbel, auf der ein bewegliches hölzernes Gestänge die Pumpenkolben in auf- und abwärtsgehender Bewegung Wasser fördern ließ. 16,43 Meter (29 Ellen) hoben die Pumpen der Roten Kunst das Wasser, 15,29 Meter (27 Ellen) betrug die Förderhöhe der Schwarzen Kunst. Das Wasser wurde unterhalb der Künste aus Stichkanälen den Kolben zugeleitet, durch ein Saugventil in den Zylinder gefördert, mit Hilfe des Druckventils im Kolben in den Zylinderraum oberhalb des Kolbens gedrückt und dann zur obersten Stelle des Zylinders, dem offenen Auslauf gehoben.[4] Dieser mündete in eine kupferne Wanne, das Sammel- und Speicherbecken. Aus ihr wurde das gehobene Frischwasser in die Trinkwasserleitung eingespeist.

Durch Funkenflug brannte die Schwarze Kunst 1758 nieder und wurde bis 1798 neu errichtet und technisch verbessert. Leonhardi bemerkte 1799 zum Neubau folgendes: „Die schwarze Kunst, welche unterhalb der rothen Kunst liegt, brannte im Jahre 1758 am Neujahrstage vom Grunde aus ab, welches Feuer durch das im Winter daselbst zur Erwärmung der Röhren gehaltene Feuer entstand. Sie ward hierauf von dem verstorbenen Bergrathe Gellert zu Freyberg nach einem eigenen an sich zwar guten, aber nicht auf die zu Leipzig häufig eintretenden niedrigen Wasserstände berechneten Plane erbauet, so daß sich dieselbe mehr für ein Berggebäude und für einen immer wasserreichen Fluß, nicht aber für die Leipziger Pleiße schickte. Aus diesem Grunde ist diese Kunst nach der darüber eingereichten und genehmigten Vorstellung 1798 durch den itzigen Kunstmeister Carl Dähne abgebrochen und dafür eine ganz neue Kunst Maschine erbauet worden."[5]

Nach dem erfolgten Neubau dieser Wasserkunst wurde sie mit eisernen Röhren ausgestattet, die Rote Wasserkunst behielt ihre hölzernen. 1783 erfolgten die ersten Untersuchungen der Leipziger Trinkwässer. Sie ergaben, daß der Brunnen der Roten Kunst viel Eisen enthielt, ein ausgesprochener Säuerling war. Das Wasser der Schwarzen Kunst glich in der Farbe dagegen dem Flußwasser. Sie förderte eine größere Menge Uferfiltrat.

Um 1835 betrug die Förderleistung beider Wasserkünste bei vierundzwanzigstündigem Betrieb zweitausendvierhundertsechzig Kubikme-

*Die Schwarze und Rote Wasserkunst an der Pleiße,
Fotografie, um 1870*

Siegelabdruck, 1. Hälfte 19. Jh.

ter. Da über fünfzig Prozent des geförderten Wassers nachts aus den Röhrkästen auf die Straßen und Gassen zum Reinhalten der Abzuchten ablief, kamen auf einen Einwohner Leipzigs pro Tag mehr als fünfzig Liter Wasserverbrauch (in anderen Städten lag er damals bei 13,5 Litern). Um dem zunehmenden Trinkwasserbedarf der wachsenden Stadtbevölkerung Rechnung zu tragen, beauftragte der Leipziger Rat auch auswärtige Fachleute, wie den Bergrat Borlach aus Kösen, die Förderleistung der Wasserkünste zu erhöhen. Der Maschinenbaumeister Brendel aus Freiberg baute 1844 in eine Kunst – in welche, ist nicht bekannt – eine Turbine zum Antrieb der Pumpen ein. Als im Jahre 1866 das Wasserwerk in Connewitz mit einer neuen zentralen Druckwasserversorgung eröffnet wurde, arbeiteten die beiden Wasserkünste noch bis 1870 und wurden dann abgebrochen, nachdem sie dreihundert Jahre die Stadt mit frischem Trinkwasser versorgt hatten.

Anmerkungen

1 Vgl. Wustmann, Gustav, Geschichte der Stadt Leipzig, Leipzig 1906, S. 267
2 Vgl. Groß, Ulrich, Wahrhaftige Beschreibung der Stadt Leipzig, Leipzig 1587. In: Quellen zur Geschichte Leipzigs, Leipzig 1989, Bd. 1, S. 8 ff.
3 Vgl. Vogel, Johann Jakob, Leipzigisches Geschicht-Buch oder Annales, Leipzig 1756, VI. Capitel, S. 85
4 Vgl. Mager, Johannes, Mühlenflügel und Wasserrad, Leipzig 1990, S. 177
5 Vgl. Leonhardi, F. G., Geschichte und Beschreibung der Kreis- und Handelsstadt Leipzig, Leipzig 1799, S. 393

Archäologische Befunde zur Entsorgung im mittelalterlichen Leipzig

Karin Sczech

Die Entwicklung der Entsorgung läßt sich, selbst wenn man nur die im letzten Jahr ergrabenen Befunde aus Leipzig heranzieht, recht gut nachzeichnen. Innerhalb des Altstadtringes wurden auf den Grabungen in Barthels Hof/Webers Hof an der Hainstraße, zwischen Preußergäßchen, Petersstraße und Neumarkt (die Neubauten von Peek & Cloppenburg und Mey & Edlich), am Neumarkt 29, am Brühl 8, in der Großen Fleischergasse 17/19, in der Schloßgasse, im Gewandgäßchen und beim Thüringer Hof in der Burgstraße über einhundert Latrinen ausgegraben, die zwischen das 13., vielleicht auch schon Ende des 12. Jahrhunderts, und das 20. Jahrhundert zu datieren sind. Die jüngsten der ausgegrabenen Latrinen waren bei der Bombardierung Leipzigs im Jahre 1943 zerstört worden.

Eines der Charakteristika städtischen Lebens im Mittelalter ist, daß man begann, menschliche und tierische Abfälle und Abwässer planmäßig zu entsorgen. So wird man in ländlichen Siedlungen – übrigens in manchen Gegenden Mitteleuropas bis heute – vergeblich nach Spuren des „stillen Örtchens" suchen. Der Inhalt der Nachttöpfe wanderte, ebenso wie die Scherben des zerbrochenen Milchkruges oder der Tontopf, aus dem sich das angebrannte Essen nicht mehr entfernen ließ, auf den Misthaufen und wurde zusammen mit dem Mist der Tiere als Dünger auf die Felder gefahren. Teilweise machte man sich nicht einmal die Mühe, bis zum Misthaufen zu laufen, sondern entsorgte seine Abfälle schlichterhand im Hof. In den frühesten Siedlungsperioden sah es in dieser Beziehung in Leipzig sicherlich nicht anders aus als auf dem Dorf.

Frühestens Ende des 12. Jahrhunderts machten sich die Bürger die Mühe, eigens Latrinen anzulegen. Bei den wenigen frühen Belegen, die ausgegraben werden konnten, handelt es sich durchweg um einfache Erdgruben, die im Hinterhof angelegt wurden. Auch die Latrinen des 13. und 14. Jahrhunderts waren größtenteils einfache Erdgruben, nur manchmal wurden die Wände zur Stabilisierung durch Flechtwerk ausgesteift. Dazu wurden Staken in die Grubensohle gerammt, die dann durch miteinander verflochtene Zweige verbunden wurden. Manchmal machte man es sich auch noch einfacher, indem man in die Grube ein altes Faß stellte, in tiefere Gruben auch mehrere Fässer übereinander. Da das Fassungsvermögen dieser Latrinen sehr gering war, wurden häufig mehrere Fässer in geringem zeitlichen und räumlichen Abstand voneinander eingegraben. Ebenfalls aus dem 14. Jahrhundert stammten mehrere Kastenlatrinen, die sich durch sehr sorgfältig ausgeführte Zimmermannsarbeit auszeichneten. Die Latrine aus der Grabung am Preußergäßchen war 1,90 mal 1,90 Meter groß und rund drei Meter tief. Der obere Bereich wurde bei dem Bau eines modernen Kellers zerstört. Da direkt daneben das zugehörige Niveau des 14. Jahrhunderts erhalten war, kann auf die ursprüngliche Tiefe der Latrine geschlossen werden. Sie muß ursprünglich etwa fünf Meter betragen haben. Zur Verbretterung der Grube wurde qualitätvolles und sicher nicht billiges

Das Gelände am Preußergäßchen zu Beginn der Ausgrabungen. Deutlich zeichnen sich im anstehenden Lehm eine Reihe von Latrinenschächten ab

Mistschicht in Barthels Hof, 13./14. Jh.

Faßlatrine am Neumarkt

Eichenholz verwendet, das speziell hierfür zugehauen und -gesägt wurde. In die Ecken waren kräftige Vierkanthölzer gestellt, die rahmenartig durch dünnere Horizontalhölzer verbunden waren. Die Horizontalbälkchen waren mit den Vertikalhölzern verzapft. Zwei dieser Horizontalverspießungen konnten noch in situ dokumentiert werden. Hinter den Vertikalbalken bildeten Viertelstämme, ebenfalls Eiche, die Wandverkleidung.

Weitere Konstruktionsarten konnten an Latrinen in der Schloßgasse, am Hotel Stadt Leipzig und am Thüringer Hof dokumentiert werden: Zum einen wurden Bretter hier lediglich hinter Vertikalbalken geklemmt – diese Bauweise wurde bei kleineren Gruben angetroffen. Bei einem größeren Beispiel am Hotel Stadt Leipzig, das nach den Funden in das 16. Jahrhundert zu datieren ist, sorgte man für zusätzliche Stabilität, indem man quer durch die Grube Horizontalverstrebungen gegen die Wandbretter verkeilte.

Ab dem 15. Jahrhundert lassen sich dann aus Backsteinen gemauerte, runde Schächte nachweisen. Ihre Durchmesser betrugen zwischen 1,50 und drei Meter. Die kleineren Schächte waren in der Regel mindestens drei Meter tief, die größeren konnten Tiefen von bis zu neun Metern erreichen. Die Backsteine waren, zumindest bei den älteren Latrinen, nicht vermörtelt, sondern zur Isolierung lediglich in Lehm versetzt. Um ein Ausdringen von Flüssigkeit zu verhindern, wurde in einigen Fällen auch die gesamte Baugrube mit Lehm verfüllt. Erst bei den jüngeren Latrinenschächten des 18. und 19. Jahrhunderts wurden die Backsteine in Mörtel versetzt. Die Innenseite der Latrinenschächte war zudem manchmal verputzt, wohl ebenfalls, damit die Wände für Flüssigkeit undurchlässig wurden. Die Steine waren unterschiedlich versetzt: Teilweise waren sie im Verband gemauert, an anderen Schächten waren sie nur als Binder versetzt oder nur als Läufer. In Barthels Hof fiel bei einer Latrine des 17. Jahrhunderts im Innenhof auf, daß die verwendeten Backsteine teilweise schadhaft, teilweise abgeschlagen waren. Offenbar hatte man hier mangelhafte Steine, die man zum Hausbau nicht verwenden wollte, vermauert.

Bei manchen der jüngeren Schächte konnten ebenfalls aus Backstein errichtete Kuppeln nachgewiesen werden, bei denen lediglich seitlich oder am Scheitelpunkt der Kuppel ein Loch für den Fallschacht frei gelassen wurde. In den Kellern von Barthels Hof wurden bei Erdarbeiten mehrere solcher Schächte angeschnitten. In einem Fall war der Schacht durch einen Betondeckel verschlossen, so daß man davon ausgehen kann, daß er bis in die Neuzeit in Benutzung war. Im nordwestlichen Teil des Gebäudekomplexes wurde bei den Bauarbeiten im Keller ebenfalls ein Backsteinschacht angeschnitten, allerdings war er schon teilweise zerstört worden. Hier war direkt über dem Schacht in der Decke eine quadratische Aussparung, der Fallschacht der Toilette im Stockwerk darüber. Bei den Latrinen des 18. und 19. Jahrhunderts hatte sich die Lage innerhalb des Grundstücks geändert. Bis dahin lagen alle der beschriebenen Gruben in den Hinterhöfen, jetzt waren die Toiletten im Haus, ein Fortschritt, was die Bequemlichkeit und den Komfort angeht.

In der Regel waren die Schächte nach unten offen, nur in einem Fall, in der Fleischergasse, hatte man den Boden der Grube ebenfalls mit Backsteinen ausgelegt. Da im Leipziger Stadtgebiet der anstehende gewachsene Boden aus eiszeitlichen Geschieben, Sand, Kies oder Lehm besteht, konnte man nicht sicher sein, daß der Boden nicht nach unten verjaucht wur-

Große Kastenlatrine im Preußergäßchen, 14. Jh.

Aus Backsteinen gemauerter Schacht im Preußergäßchen, 16. Jh.

de. Auffallend aber ist, daß man darauf achtete, die Latrinengruben nicht bis auf den Grundwasserspiegel abzutiefen.

Der über der Erde gelegene Teil der Latrinen läßt sich archäologisch sehr selten fassen. In einem Fall, in einer Latrine des 17. Jahrhunderts im Preußergäßchen, lag in der Verfüllung eine große Menge von Brettern, die sich mit großer Wahrscheinlichkeit zu einem Häuschen rekonstruieren lassen. Der Sitz, einschließlich des Deckels, konnte ebenfalls geborgen werden. Weitere Sitzbretter wurden aus einer Reihe von anderen Latrinen geborgen. Sicherlich nicht der Wirklichkeit entspricht eine Abbildung, die zu einem Spottgedicht auf den Feldherrn Tilly aus dem Dreißigjährigen Krieg stammt. Üblich war jedoch in jedem Haushalt der Nachttopf unter dem Bett – so mußte man nachts nicht den Gang auf den Hof unternehmen.

Die aufwendigen Verbauarbeiten an den Latrinengruben lohnten sich insofern, als es dadurch möglich wurde, dieselben bei Bedarf zu leeren. Mit der Leerung wartete man möglichst lange, da sie recht kostspielig und die Geruchsbelästigung unangenehm war. Wie die archäologischen Befunde zeigten, wurden die Gruben häufig nicht komplett geräumt, sondern nur teilweise. An drei Latrinen im Gewandgäßchen und am Preußergäßchen ließ sich dies sehr schön nachweisen: Der obere Bereich der Schächte enthielt jeweils Funde aus dem 18. Jahrhundert, in mehreren Metern Tiefe änderte sich das Inventar, jetzt wurden nur noch Funde geborgen, die in das 16. Jahrhundert zu datieren sind. Aber selbst aus einer einfachen – allerdings auch ungewöhnlich großen – Erdgrube in Webers Hof konnten ebenfalls Funde geborgen werden, die eine Nutzungsdauer vom 15. bis in das 16. Jahrhundert hinein belegen. Aus der schriftlichen Überlieferung anderer Städte weiß man, daß bis zu fünf Jahre vergehen konnten, bis man sich überhaupt zu einer Leerung entschloß. In Leipzig zeigen Funde aus den Latrinen, wie unterschiedlich die Nutzungszeiten waren: Die kleineren oder nicht verbauten Gruben wurden normalerweise nach relativ kurzer Zeit wieder aufgegeben, die Backsteinschächte blieben teilweise mehrere Jahrhunderte lang in Benutzung. Bei den überwölbten Schächten war eine Leerung recht aufwendig, denn man mußte die Kuppel abbrechen und anschließend neu aufmauern.

Sehr verbreitet ist die Vorstellung vom „finsteren Mittelalter", wo Abfälle einfach auf die Straße geworfen wurden: Wenn überhaupt Latrinen gebaut wurden – so heißt es – lagen sie in unmittelbarer Nachbarschaft von Brunnen, wodurch, aus Unwissenheit oder Gleichgültigkeit, ein Infektionskreislauf entstand. Die Ausgrabungen können dieses Bild nicht bestätigen. Zum einen sorgte man dafür, daß Latrinengruben durch Lehm abgedichtet wurden, zum anderen ließ sich auf keinem der untersuchten Grundstücke ein Brunnen nachweisen, der ins Mittelalter zu datieren ist. Alle ausgegrabenen Brunnen waren frühestens im 18. Jahrhundert angelegt, zu einer Zeit also, als die Stadt bereits durch Wasserleitungen versorgt wurde.

Für die Archäologen erweisen sich Latrinenschächte manchmal als wahre Fundgruben, da man die Latrinen auch als Abfallgruben nutzte. Nicht nur zerbrochene Gefäße wurden hineingeworfen, sondern auch Töpfe, die nicht eine Beschädigung aufweisen. Keramik macht, wie meistens bei archäologischen Grabungen, den Großteil der Funde aus. Dazu kommen häufig Gläser, seltener Metall, das eingeschmolzen und nicht weggeworfen wurde.

Durch die Staunässe, die sich in den Latrinen

Steine von Aprikosen, Kirschen, Pflaumen, Haßelnuß- und Walnußschalen

Dem tafelnden Feldherrn Tilly wird ein tragbares Klo gebracht
Leipziger Spottbild "Deß Tilly Confect Panqvet",
7. September 1631, Ausschnitt

Töpfe aus einer Latrinengrube am Preußergäßchen

Puppengeschirr aus der Latrine am alten Gewandhaus: Vorlegeplatte, Ölleuchter, Gänsebräter, Bratpfanne, Kochtopf, Spardose, Urinschauglas, Trinkbecher, Apothekergefäß und zwei Henkelkrüge

bildete, ergaben sich hervorragende Erhaltungsbedingungen für Holz, Leder und sogar Stoff. Auch Pflanzenreste und Reste von Kerbtieren konnten aus den Leipziger Latrinen geborgen werden. Natürlich freut es den Archäologen, einen Topf nach dem anderen bergen zu können und daraus Rückschlüsse auf das Inventar des Haushalts zu ziehen. Interessanter sind häufig auf den ersten Blick eher unscheinbare Überreste, die auf der Innenseite der Kochtöpfe zu finden sind. Wenn das Essen in diesen tönernen Töpfen anbrannte, so waren sie kaum mehr zu reinigen und wurden deshalb fortgeworfen. Aus diesen Resten kann bei naturwissenschaftlichen Untersuchungen festgestellt werden, wovon sich die Leute damals ernährt haben. Weitere Aufschlüsse bieten die beim Schlämmen der Latrineninhalte geborgenen Pflanzenreste. So konnten neben den heimischen Pflanzenresten schon für das Mittelalter in Leipzig die von Oliven, Aprikosen und Datteln nachgewiesen werden, die einen Hinweis auf weitreichende Handelskontakte bieten. Die systematische Untersuchung von Hunderten Erdproben, die gerade erst begonnen hat, wird mit Sicherheit noch sehr viele neue Erkenntnisse über die Ernährung der städtischen Bevölkerung im Mittelalter ergeben. Die Analyse der geborgenen Tierknochen wird entsprechende Aufschlüsse über den Fleischkonsum, die Tierhaltung und Tierzucht ermöglichen.

Sicherlich importiert wurden kostbare Gläser, die Kontakte mit Venedig und, vermutlich, den Niederlanden oder Belgien belegen. Aus dem Rheinland wurde Keramik eingeführt.

Austern, Hummer und Miesmuscheln, deren Überreste aus dem 17. und 18. Jahrhundert stammen, wurden von der Nordsee nach Leipzig gebracht, einen noch weiteren Handelsweg belegen Funde von chinesischem Porzellan. Für diese Zeit ist in Auerbachs Hof eine chinesische Handelsdelegation nachgewiesen.

Dagegen zeigen andere Produkte die in Leipzig über fünfhundert Jahre alte Tradition der Buchbinder. In einem Fall kann man sogar mit großer Wahrscheinlichkeit den Meister bestimmen, der einen besonders aufwendigen Bucheinband hergestellt hat: den seit 1544 als Innungsmitglied nachgewiesenen Mathes Radmann.

Im Gewandgäßchen wird der unmittelbare Bezug zu den Bewohnern des zu der Latrine gehörigen Hauses sehr deutlich: Unter der großen Menge von Funden fanden sich eine ganze Reihe von Tuchplomben mit der Aufschrift „Leipzigk". Außerdem wurde eine Reihe von Gegenständen ausgegraben, die zu Musikinstrumenten gehörten: Unter anderen kamen eine noch spielbare Piccoloflöte oder Stimmpfeife, Geigenwirbel, ein Taktstock, ein Saitensteg und Verzierungen von Instrumenten zutage. Das Gewandhausorchester zog 1781 auf dem von Dauthe zum Konzertsaal umgebauten Dachboden des Hauses ein. Außerdem könnten in dem Haus recht vermögende Mieter gewohnt haben, wie eine große Menge von Kinderspielzeug, in erster Linie Miniaturgeschirr, zeigt.

In der großen Seestadt Leipzig war einst eine Wassersnoth ...

Zur Entstehungsgeschichte eines bekannten Liedes

Brigitte Richter

Text: Gustav Friedrich Julius Hansen, 1847   Melodie: Karl Ludwig Blum, 1816

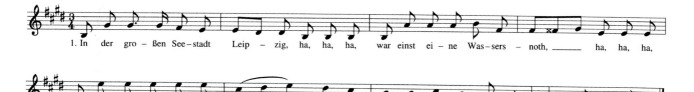

1. In der gro-ßen See-stadt Leip-zig, ha, ha, ha, war einst ei-ne Was-sers-noth, ha, ha, ha, Men-schen stürz-ten ein wohl drei-ßig, Häu-ser wa-ren mehr noch todt.

2. Wogen rollen auf und nieder,
   böse Menschen haben keine Lieder;
   auf dem Dache sitzt ein Greis,
   der sich nicht zu helfen weiß.

3. Und die Kranken in dem Bette
   schreien Zeter um die Wette,
   auf der Leiter steht ein Mann,
   der nicht höher steigen kann.

4. Mütter ringen mit den Händen,
   Kinder krabbeln an den Wänden,
   und ein Kind liegt in der Wiegen,
   auf der Nasen eine Fliegen.

5. Ach, wie sind die Fluthen kuhle,
   und wie duster ist das Grab!
   Dies erweichet mein Gefuhle,
   drum brech' ich dies Lied hier ab.

Vom Herausgeber des Commersbuches um 1873 hinzugefügt:

6. Doch noch Eins, der Doctor Heine
   hat die Wasser regulirt,
   hat Pfahlbauten und Gesteine
   aus der Urzeit exhumirt.

7. Und wo einst die Wasserhose
   sich erhob zur Wolkenfluth,
   blüht an Villen schmuck die Rose,
   und zu End' ist alle – Nuth!

8. Wer kein Sünder, kein verstockter,
   rufe: Heine hoch, hurrah!
   Er ist ganz der Ehren-Doctor
   unsrer schönen Lipsia.

Reichlich Spott gießt der Textdichter des Liedes über die Leipziger aus, unbekümmert um die tatsächliche „Wassersnoth", die ihnen während der regelmäßig wiederkehrenden Frühjahrshochwasser immer wieder zu schaffen machte. Aber auch die alte Lieblingsidee vom Anschluß der Stadt an die großen Wasserstraßen und ans Weltmeer mag dazu Anlaß gegeben haben.

Oft glaubte man sich in Leipzig dem erstrebten Ziel nahe, nachdem schon seit dem 17. Jahrhundert der Bau eines schiffbaren Kanals zwischen Elster und Saale erwogen wurde, vor allem aber, als Karl Erdmann Heine (1818–1888) dafür exakte Pläne vorlegte. Seine Projekte wären nach damaligem technischen Standard realisierbar gewesen und entsprachen den Anforderungen der Industrie- und Verkehrsentwicklung der beginnenden Gründerjahre. Auf Grund seiner Erfahrungen bei der Regulierung der Leipziger Flußläufe und den endlich erfolgreichen Schutzmaßnahmen gegen das Hochwasser besonders für die Westvorstadt und das entstehende Industriegebiet Plagwitz verfocht Heine von neuem die Idee des Kanals, der der Stadt immensen Aufschwung bringen würde, und gründete 1874 den Elster-Saale-Kanal-Verein. Seine Vorschläge und damit konkurrierende andere Projekte konnten jedoch auch nach dem Ersten Weltkrieg nur teilweise verwirklicht werden; begonnene Arbeiten wurden schließlich abgebrochen.

Erst 1949 gab Stadtrat Walther Beyer die vorerst endgültige Absage einer Projektförderung durch die damalige Deutsche Wirtschaftskommission bekannt. Sein Kommentar: Nur noch 5,6 Kilometer Kanalstrecke hätten am Zugang Leipzigs zum deutschen Wasserstraßennetz gefehlt!

Immerhin gibt es westlich von Leipzig-Lindenau nun einen Hafen mit weithin sichtbaren geräumigen Speicherhäusern, auch ein Leipziger Hafenamt war eingerichtet worden, und es gibt den Karl-Heine-Kanal. Hochseefrachter wurden aber nicht gesichtet. Was dagegen längst schon da ist – ahoi! – das ist unser Lied von der „großen Seestadt" Leipzig! Der kolorierte kleine Stich einer oft nur über Dammwege und Brücken begehbaren wasserreichen Fluß- und Auenlandschaft vor den Toren südwestlich der Stadt, wie sie Leipzigs Bildchronist Christian Gottfried Heinrich Geißler um 1820 vorstellt, und viele andere überlieferte Abbildungen und Beschreibungen von den Überschwemmungen der Frankfurter Wiesen und der Westvorstadt, alles das weist auf den eigentlichen Ursprung des Liedes hin. Wer nämlich trockenen Fußes über den befestigten Damm nach Lindenau gelangte, hatte gut spotten oder konnte die überstandene Gefahr drastisch schildern.

Der Verfasser des Liedtextes, Gustav Friedrich Julius Hansen (1831–1904), damals sechzehn Jahre alt und Student der Rechte an der Kieler Universität, ist zwar selbst nicht in Leipzig gewesen. Er hat aber wohl mit seinen Freunden über derartige Schilderungen gelacht. Seine „Dichtung" jedenfalls wurde zusammen mit der eingängigen Melodie im Dreivierteltakt geradezu ein „Volkslied" oder besser ein Schlager jener Zeit. 1847 erschien das Lied „Die Leipziger Wassersnoth" anonym in einem von Carl Göpel in Stuttgart herausgegebenen Liederbuch mit dem Titel „Germania. Ein Freiheitsliederbuch" und kurz darauf auch in Leipzig, in den „Musenklängen aus Deutschlands Leierkasten". Die Erstausgabe des reich illustrierten Büchleins, einer Sammlung von zeitkritisch-satirischen und scherzhaften Liedern von 1849, und einige der zahlreichen Nachauflagen gab Georg Wigand unter Mitarbeit von Carl Herloß-

Christian Gottfried Heinrich Geißler,
Leipzig von der Mittagsseite,
kolorierter Kupferstich, um 1820

Die Ueberschwemmung in Leipzig.

In der großen Seestadt Leipzig
War jüngst eine Wassersnoth;
Menschen stürzten ein wohl dreißig,
Häuser blieben mehr noch todt.

Wogen rollen auf und nieder,
Schollen stürzen hin und wieder,
Auf dem Dache sitzt ein Greis,
Der sich nicht zu helfen weiß.

Mütter ringen mit den Händen,
Kinder krabbeln an den Wänden,
Selbst ein Knäblein in der Wiegen,
Auf der Nasen eine Fliegen.

Ach, wie sind die Wasser kuhle,
Ach wie duster ist das Grab, —
Dies erweichet mein Gefuhle,
Drum brech' ich dies Lied hier ab.

Holzschnitte aus:
Musenklänge aus Deutschlands Leierkasten,
Faksimiledruck der Ausgabe von 1849 mit der ersten
Leipziger illustrierten Veröffentlichung des Liedes,
Leipzig 1936

Herzzerreißende Überschwemmung in der großen Seestadt Leipzig, Moritatenschild, um 1850

sohn in Leipzig heraus. Erst 1853 aber wird Gustav Hansen mit seinen Initialen G. H. in den Münchner „Fliegenden Blättern" als Verfasser des Liedes bekannt. Schon als Gymnasiast war Hansen gelegentlich Mitarbeiter der „Fliegenden Blätter" gewesen.

Die Melodie stammt von dem Berliner Lieder- und Opernkomponisten Karl Ludwig Blum (1786–1844), einem Schüler Johann Adam Hillers an der Leipziger Thomasschule. Er schrieb sie im vierstimmigen Satz für Männerchor ursprünglich zu Goethes Liebesgedicht „Kleine Blumen, kleine Blätter" für Friederike Brion aus Sesenheim; in dieser Vertonung waren Goethes Verse damals bekannt. Doch Jahrzehnte später erinnerte sich daran wohl kaum jemand, wenn das Lied von der „großen Seestadt Leipzig" in fröhlicher, bierseliger Runde gesungen oder gegrölt wurde und sich gar Leipziger Kommilitonen dazu einfanden, die man necken konnte. Heinrich von der Werra, der „Begründer" und Herausgeber des „Allgemeinen Reichs-Commersbuches für Deutsche Studenten", Leipzig 1871, dichtete ein paar Strophen hinzu, die gutmütig spottend auf Karl Heine und seine kühnen Kanalbau- und Entwässerungspläne zielen.

Über dem späteren Lebensweg von Gustav Friedrich Julius Hansen als Landrat von Tondern, Finanzfachmann und Geheimer Kriegsrat im preußischen Staatsdienst scheint der Ernst des Lebens gewaltet zu haben. Er starb 1904 in Dresden. Was heute noch gelegentlich zitiert wird aus seinem Lied über die „große Seestadt Leipzig", sind die Zeilen:

„Auf dem Dache sitzt ein Greis,
der sich nicht zu helfen weiß",

die gar im „Büchmann" als geflügeltes Wort zu finden sind.

Leipzigs Wassermühlen

Renate Lübke

„Thomas ging mit seiner Nonne
Barfuß über'n Anger"
Mit diesem Vers lernten die Schulkinder vor über einhundert Jahren die Namen der vier bedeutendsten Leipziger Wassermühlen zwischen Martin-Luther- / Dittrichring sowie Tauchnitzbrücke und Jahnallee.

Johann Heinrich Moritz Poppe, ein bedeutender Wissenschaftler der Technologie des Handwerks und Gewerbes im 19. Jahrhundert, äußerte sich zum Vergleich mit den durch Wind- und Muskelkraft betriebenen Mühlen: „Die besten von allen Mühlen sind die Wassermühlen. Das fließende Wasser setzt nämlich entweder durch sein Gewicht oder durch den Stoß gewisse am Umfange mit Kasten oder mit Schaufeln besetzte Räder, Wasserräder, in umdrehende Bewegungen, und diese Bewegungen pflanzen gezahnte Räder bis zu den Mühlsteinen fort."[1] Man unterscheidet ober-, mittel- und unterschlächtige Mühlräder. Oberschlächtigkeit bedeutet, daß „das Wasser von oben herab auf das Mühlrad fället, und solches vorwärts umtreibet. Es werden aber desgleichen Mühlen an kleinen Bächen, an bergigten Orten, wo das Wasser einen starcken Fall hat, angelegt, und wird das Wasser oberhalb der Mühle in ein enges Gerinne gefasset."[2] Ist das Gefälle für oberschlächtige Räder nicht groß genug, wird mit mittelschlächtigen Wasserrädern gearbeitet, wo „das Wasser auch oft in solche Stellen der Radperipherie ein(fällt), die zwischen der obersten und untersten Stelle des Rades liegen ..."[3] Beim unterschlächtigen Rad fällt „das Wasser unten an das in dem Mühlgerinne hängende Mühlrad ... und solches durch seinen immerwährenden Stoß rückwärts umtreibet".[4] Um im Flachland ein unterschlächtiges Rad einer Mühle antreiben zu können, sind umfangreiche Wasserregulierungsanlagen nötig. So ist ein wasserzuführender Graben die Voraussetzung für das erforderliche Gefälle.

Im frühen Mittelalter, als solche Mühlgräben in Leipzig angelegt wurden, führten die Flüsse auf Grund der klimatischen Verhältnisse eine geringe Wassermenge, so daß das gesamte Flußwasser in den Graben fließen mußte. Da die Mühlen am Auenrand lagen, wurden die Elster und die Pleiße durch Überfallwehre abgeriegelt. Damit entstand der für den Antrieb einer unterschlächtigen Mühle erforderliche Obergraben. Die Wehre wurden so hoch gestaut, daß ihre festen Überlaufkanten – die Fachbäume – nur bei Hochwasser das Wasser in den eigentlichen Fluß übertreten ließen. Das Mühlgerinne lag neben der Mühle und war durch eine Wand vom wüsten Gerinne getrennt. Daraus fließt das Wasser entweder direkt in den Fluß oder zur nächsten Mühle als Untergraben, der nun zum Obergraben der nächstfolgenden Mühle wird. Hier befand sich in einiger Entfernung der Mahlpfahl, ein Holzpfahl mit einer kupfernen Platte, die das Jahr der Aufstellung angab. Er diente seit dem 16. Jahrhundert zur Durchsetzung der Mühlenordnung. Um der nachfolgenden Mühle nicht das notwendige Betriebswasser zu entziehen, durften die Müller ihr Oberwasser nur bis zu dieser

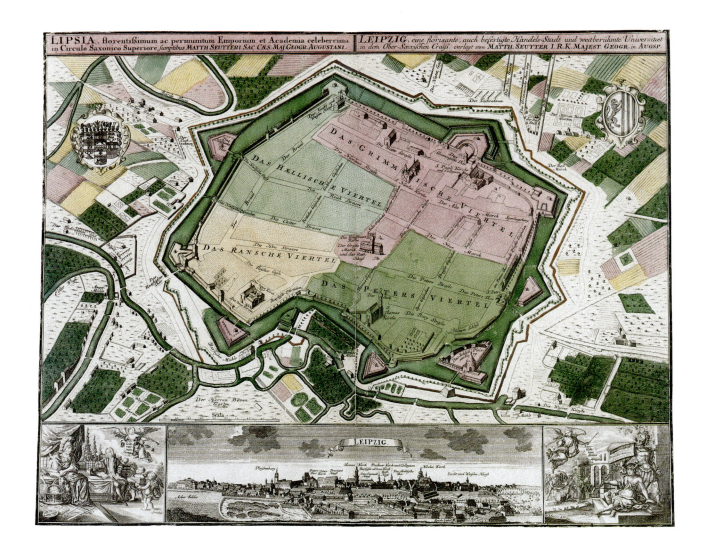

Plan von Leipzig mit den Wassermühlen am Pleißen- und Elstermühlgraben, kolorierter Kupferstich, um 1720

Platte anstauen. Zu den Pflichten der Müller gehörte es auch, entsprechend der Mühlenordnung von 1568, die Mühlgräben, Gerinne, Ufer und Wehre in einem ordnungsgemäßen Zustand zu halten, bei Hochwassergefahr die Wehre richtig und rechtzeitig zu bedienen, um Gefahren durch Überflutungen für die Stadt abzuwenden.

Zu Zeiten eines ordnungsgemäßen Betriebes aller Wasserkraftanlagen am Pleißenmühlgraben reichte es aus, wenn ein- bis zweimal im Jahr durch die Fischer der Pflanzenbewuchs mit Sensen herausgehauen, die Wurzeln durch Pferde mit Roßkrücken herausgerissen und angeschwemmter Sand weggeschafft wurde. Ein vollständiges Abschlagen des Mühlgrabens wurde seit 1754 aller sechs Jahre innerhalb von ungefähr vier Wochen durchgeführt, damit die Gräben geschlämmt und notwendige Wasserbauten bzw. Ausbesserungen vorgenommen werden konnten.

Die wohl älteste Leipziger Wassermühle – in unserem Gebiet entstanden sie etwa zwischen 930 und 1300 – war die Barfußmühle. Ihre Anlage ist eng verbunden mit dem Bau der ersten deutschen Burg im slawischen Siedlungsgebiet auf dem Gelände des späteren Matthäikirchhofs, noch vor der eigentlichen Stadtgründung. Als Burgmühle gehörte sie zur Ausstattung der Hauptburg. Für den Bau der unterschlächtigen Wassermühle mußte das Wasser durch einen Mühlgraben, der einen Verbindungskanal zwischen dem Unterlauf der Pleiße und dem letzten Teil des ursprünglichen Parthenlaufs bildete, geleitet werden (heute Tröndlinring).

Mit der Schleifung der Burg 1224 kam die Mühle jedoch nicht an das auf dem ehemaligen Burggelände entstehende Franziskanerkloster. Ihren Namen erhielt sie nur durch ihre Lage in unmittelbarer Nähe zu demselben. Zur Mühle gehörte das Naundörfchen, 1286 wurden beide durch Markgraf Friedrich von Landsberg dem Clarenenkloster in Seußlitz geschenkt. Um 1503 kam sie in bürgerlichen Besitz und im gleichen Jahr zusammen mit dem Naundörfchen an den Rat der Stadt Leipzig.

Mit der acht Gänge haltenden Mahlmühle war schon von jeher eine Walkmühle verbunden, die an die Tuchmacher verpachtet war. Im Seitengebäude befand sich eine Seidenfärberei. 1592 neugebaut, wurde das Gerinne „große Zwerk und Spanrähmen" 1656 unter Leitung der Baumeister Quirin Schacher und Jacob Meyers erneuert.[5] Nach weiteren Modernisierungen 1705 und 1798 wurde sie 1851 privatisiert und 1898 abgerissen.

Die Angermühle, auch als Jakobsmühle bekannt, weil sich in ihrer Nähe bis ins 15. Jahrhundert die Jakobskapelle befand, lag am Elstermühlgraben zwischen Ranstädter Steinweg und Rosentalgasse. Sie war von allen Leipziger Mühlen die größte. Ihr Gründungsjahr ist nicht bekannt, doch wurde sie bereits im Stadtbrief um 1260 erwähnt, denn auf sie bezieht sich die Bemerkung über das Mahlrecht.

Die Angermühle gehörte bis 1499 teils dem Thomaskloster, teils Privatpersonen. Sie war wie die Barfußmühle ein selbständiger Gutshof, eventuell ein ehemaliges Königs- oder Reichsgut. Im Laufe der Jahrhunderte wurde sie immer wieder umgebaut und erweitert. Sie bestand aus zwei Mühlgebäuden mit zehn Mahlgängen und diente als Getreide-, Loh-, Walk-, Schneide-, Schleif-, Öl- und Tabaksmühle. 1492 stellte diese Mühle das erste Papier in Leipzig her. Zu ihr gehörte erstmals auch ein städtisches Brauhaus. Dort quartierte der Rat 1621 bis 1669 seine Münze ein und ließ Engelstaler, Acht- und Viergroschenstücke schlagen.

Im 17. Jahrhundert wurde die Angermühle

*Hermann Walter, Die Barfußmühle,
Fotografie, um 1890*

bezüglich ihrer Größe und ihres guten Zustandes zum Vorbild für die übrigen Mühlen in und um Leipzig. Da sie als einzige der Stadtmühlen über den Elstermühlgraben in Verbindung mit der Elster stand, hatte sie eine besondere Bedeutung für den Hochwasserschutz. Als Pächter wurden deshalb vom Rat erfahrene und in Wasserbaufragen gestandene Müller bevorzugt. Doch auch ihnen war das Hemd oft näher als der Rock. Die Mühlenordnung sah vor, bei drohenden Überflutungen das Wasser durch Aufziehen der wüsten Gerinne und Wehre abzulassen. Aber es gab Angermüller, die das wüste Gerinne zunagelten und die Aufrechterhaltung des Mühlbetriebes der Sicherheit der Stadt vorzogen.

Nachdem 1872 durch das Mühlgut die Jacobstraße geführt worden war, brach man die Mühle 1879 ab und überwölbte gleichzeitig den Mühlgraben. An der Ecke zur Jahnallee lenkt noch heute eine barocke Steintafel mit der von Sinnbildern des Müllerhandwerks umrahmten Inschrift den Blick auf sich: "Unter der Allerhöchsten gnädigen Vorsorge und mächtigen Beystand auch mit E. E. Raths der Stadt Leipzig ungefahrtten Kosten im dritten Regiment Herrn Bürger=Meister D. Johannes Friedrich Falckners als Herr Wilhelm von Ryselt und Herr Georg Winckler, regierende Bürger=Meister, Herr Polycarpus Heiland, Mühlen=Vorsteher, Johann Michael Senck=Eisen, Ober=Voigt und Johann Müller, Anger=Müller waren, ist gegenwärtige Mühle von Grund aus neu erbaut und zu diesen Ansehen gebracht worden. Gott erhalte sie bei langwierigen Wohlstande. Anno 1701."

Der Thomaspforte gegenüber am Pleißenmühlgraben lag die Thomasmühle. Errichtet wurde sie um 1200. Da das Wasser des Pleißenmühlgrabens für eine weitere Mühle nicht ausreichte, wurde ein zweiter Mühlgraben angelegt, den man südlich von Leipzig aus der Pleiße abzweigte und ihn in den bestehenden, dem Betrieb der Barfußmühle dienenden Graben leitete.

Alle diese Baumaßnahmen waren der Wirtschaft und damit auch der Zunahme der Stadtbevölkerung förderlich. Die Anlage von Mühlen, Mühlgräben, Dämmen und Wehren jener Zeit stellte hohe technische und organisatorische Leistungen dar.

Bei der Belagerung der Stadt durch die Schweden im Dreißigjährigen Krieg brannte die Thomasmühle 1642 zur Hälfte ab. 1648 wurde die Vorder-, 1692 die Hintermühle neu aufgebaut und seitdem immer wieder erweitert und modernisiert. Die Mühle besaß acht Mahlgänge, eine Walk-, Öl- und Gewürzmühle, zwei Schnupftabaksmühlen und eine beträchtliche Branntweinbrennerei. 1897 wurde die Thomasmühle vom Rat angekauft, zunächst an einen Stahmelner Mühlenbesitzer und später an die Leipziger Brotfabrik verpachtet. Bei den Bombenangriffen auf Leipzig im Zweiten Weltkrieg brannte sie völlig aus und wurde nicht wieder instandgesetzt.

Die an der Pleiße zwischen den beiden Wasserkünsten gelegene Nonnenmühle, die ihren Namen nach den Georgennonnen erhielt, ist die kleinste der Leipziger Mühlen. Sie wurde 1890 abgebrochen, als die heutige Karl-Tauchnitz-Straße gebaut wurde. Die Mühle erhielt das Antriebswasser über einen von den Nonnen künstlich angelegten Graben, der bei der eingegangenen Lusitzer Mühle (am Brandvorwerk) südlich von Leipzig abzweigte, wie aus einer städtischen Urkunde von 1287 hervorgeht. Es gelang, indem die zur Mühle gehörenden Wehre (das Kirsch- und das Kopfwehr) entsprechend hoch gestaut wurden. Die Schwierigkeiten wegen des Mangels an Aufschlagwasser

Die Angermühle, Sepiazeichnung, um 1830   *Die Thomasmühle, Lithographie, um 1830*

Die Nonnenmühle, Kupferstich, um 1750

Die Gohliser Mühle, Fotografie, 1871

Die Nonnenmühle, Aquarell, 1876

vergrößerten sich, als 1501 die Bauersche Wasserkunst in ihrer unmittelbarer Nähe den Betrieb aufnahm. Erst 1522 konnte man sich über die Nutzung des Nonnenmühlgrabens für die Wasserkunst einigen. Der Rat kaufte dem Kloster für dreihundert Gulden soviel Wasser ab, wie gebraucht wurde, um ein Rad zu treiben. Damit besaß die Mühle nur noch drei Mahlgänge.

Wegen der Einführung der Reformation 1539 in Sachsen verließen die Nonnen Leipzig, und die Mühle kam in städtischen Besitz. Im Jahre 1547 brannte sie bei der Belagerung der Stadt während des Schmalkaldischen Krieges bis auf die Grundmauern nieder. 1598 wurde sie vollkommen erneuert, wobei der Rat zugleich den Mahlpfahl und den Fachbaum zugunsten der Wasserkunst erhöhte. Ein anderer Grund für den ständigen Wassermangel der Nonnenmühle waren die südlich von Leipzig an der Pleiße gelegenen Mühlen, die die Mühlenordnung von 1585 nicht einhielten und das Wasser höher als erlaubt stauten. Ab 1579 kam es wegen der Flößerei auf der Pleiße oftmals zu einem Wasserstau, weil sich Holz an Biegungen und Hindernissen im Flußlauf festsetzte. Auch der neue, 1610 angelegte Floßkanal konnte dem Übel nicht abhelfen. Durch chronischen Wassermangel und die Konkurrenz der Wasserkunst blieb die Nonnenmühle zeit ihres Bestehens hinter den anderen zurück. Nur bei Hochwasser, wenn alle Mühlen ihren Betrieb einstellen mußten, konnte sie weiter arbeiten. So mahlte sie während des Hochwassers 1655 ausschließlich für den kurfürstlichen Hof, als Kurfürst Johann Georg I., der auf dem Weg zur Kaiserkrönung nach Frankfurt am Main war, fünf Wochen auf der Pleißenburg festsaß. 1798 wurde die Mühle wiederum ausgebessert und mit einem neuen Seitenwehr versehen. Im

Inneren befanden sich vor den Zapfen der Wasserräder sieben hölzerne viereckige Säulen, von denen eine die Initialen des Erbauers, Friedrich Gerstenberger, zeigte, umgeben von einem holzgeschnitzten Lorbeerkranz. An einer zweiten Säule war ein eingeschnitzter Mühlstein mit einer darüber befindlichen Laterne zu sehen. Die Mühle war nebenher noch Öl-, Gewürz- und Schnupftabaksmühle. Zuletzt diente sie der Papierfabrikation. Unter der Radstube befanden sich mehrere wohleingerichtete Flußbadehäuser. Dafür mußte der Müller an den Besitzer des Gerlachschen Vorwerks außerhalb des Münztores als Miteigentümer des Pleißenwassers, das bis an den Reichelschen Garten reichte, einen jährlichen „Canon" entrichten.

Neben den vier Stadtmühlen gab es in den umliegenden, an Elster, Pleiße und Parthe gelegenen, später eingemeindeten Dörfern weitere derartige Anlagen.

Am Pleißenmühlgraben (heute Platnerstraße/Poetenweg) befand sich die Gohliser Mühle, die bereits 1335 erstmals erwähnt und 1384 urkundlich belegt wird und dem Leipziger Rat gehörte. Um die Mühle zu betreiben, wurde die Parthe durch ein Überfallwehr (Rosentalwehr, auch Gohliser Wehr genannt) abgeriegelt und der Graben mit Parthen- und Mühlpleißenwasser gespeist. Die idyllische Mühlinsel, ein Plätzchen, war im 18. Jahrhundert beliebt als stimmungsvoller Ort für gesellige Vergnügungen. Die Mühle hatte vier Mahlgänge sowie eine Öl- und Schneidemühle. Mit dem Mühlenpächter Raitz starb 1907 der letzte Wassermüller dieser Mühle, die 1908 ihren Betrieb einstellte.

Die Mühle in Lindenau befand sich zur Zeit des Dreißigjährigen Krieges im Besitz der Familie Büttner, deren Erben sie 1672 an den Rat verkauften. Der verpachtete sie nach einem Neuaufbau 1710 ständig weiter. Die Mühle war als Mahl- und Ölmühle mit drei unterschlächtigen Rädern im Schnittgerinne eingerichtet. Bekannt wurde sie durch den Aufenthalt Napoleons während der Völkerschlacht in der Nacht zum 19. Oktober 1813. Von seinem im ersten Stock gelegenen Zimmer beobachtete er den Rückzug seines geschlagenen Heeres auf der Lützner Straße durch Lindenau. Im selben Stockwerk wohnte Murat, Schwager Napoleons und König von Neapel.

1619 besaß Dr. Johann Meyer die Wassermühle in Connewitz. Ob sie vorher schon bestand, wissen wir nicht. Möglicherweise gehörte sie dem Connewitzer Kloster. Die Mühle war eine Mahl-, Öl-, Gewürz- und Schneidemühle mit vier Mahlgängen.

Später ging die Ölmühle ein, nachdem schon einige Jahre vorher die Gewürzmühle zu arbeiten aufgehört hatte. 1903 stellte die Schneidemühle ihren Betrieb ein, ihre Wasserkraft wurde der Mahlmühle zugeschlagen. Ab 1888 ersetzte eine sogenannte Gothaer Turbine drei Räder; nur das Schneidemühlrad blieb bestehen.

Ähnlichen Verhältnissen wie in Connewitz begegnen wir bei der Lößniger, Markkleeberger und Dölitzer Wassermühle. Wenn diese Mühlen auch nicht Klosterbesitz waren, sondern sich in Familienbesitz befanden, so wurden sie doch auch verpachtet. Ihr Alter läßt sich nicht genau feststellen.

Die Mühle zu Dölitz gehörte in den vergangenen Jahrhunderten zu dem von Wincklerschen Rittergut. Erste urkundliche Erwähnung fand sie 1540, als sie in das Lehen des Thomas von Crostewitz überging. Während der Völkerschlacht wurde sie vollständig zerstört. Der Wiederaufbau erfolgte zunächst mit zwei unterschlächtigen Wasserrädern, denen später noch zwei weitere Wasserräder angegliedert wurden. Die Mühle war Mahl-, Schneide- und Ölmühle. 1869 wurden die Wasserräder beseitigt und zunächst eine Turbine eingebaut. Obwohl ab 1890 mehrmals technisch modernisiert, wurde die Mühle 1920 stillgelegt und erst 1950 zu neuem Leben erweckt. Der Tod des letzten Müllers 1974 brachte die endgültige Stillegung.

Eine der reizvollsten Parthenmühlen neben der Schönefelder war die Theklaer Mühle. Im Lehnbuch Friedrichs des Strengen von 1349/50 wurde sie erstmals urkundlich erwähnt. Damals besaß sie der Ritter Johannes Porzcik. Die Mühle hatte drei Mahlgänge. 1915 brach ein Feuer aus, bei der das Mühlgebäude vollständig niederbrannte. Danach wurde sie nicht wieder aufgebaut.

Zu allen Zeiten haben Mühlen die Gemüter beschäftigt. Kein Handwerk ist wohl so oft besungen oder beschrieben worden, in Märchen und Sagen eingegangen, wie das des Müllers.

Anmerkungen

1 Mager, Johannes, Mühlenflügel und Wasserrad, Leipzig 1990, S. 40
2 Ebenda, S. 41
3 Ebenda, S. 44
4 Ebenda, S. 45

Kopftuch auf und Schürze um - der Waschtag ist da

Katrin Sohl

Waschtag – heute findet er im allgemeinen jede Woche statt. Wir füllen die Wäsche, einigermaßen sortiert, in die vollautomatische Waschmaschine, geben Waschmittel dazu und Weichspüler, drehen den Wasserhahn auf, stellen ein für die Fasern passendes Programm ein, drücken aufs Knöpfchen – und dann haben wir Zeit für andere Dinge. Das Wäschewaschen geschieht wie von selbst, ganz nebenbei. Und doch ist es noch gar nicht so lange her, da bedeutete ein Waschtag höchste Anstrengung für alle Beteiligten; aber er war auch immer ein kleines Fest, spätestens dann, wenn die Wäsche auf der Leine hing, denn sie war der ganze Stolz der Hausfrau.

Die Wäsche, die der Mensch auf dem Körper trägt, gehört so eng zu ihm, als wäre sie ein Stück seiner selbst. Sie ist vor allem erst einmal Schutz. Diese Schutzfunktion hat die Menschen immer wieder zu allen möglichen Deutungen der Wäsche und des Waschens angeregt. Der Aberglaube trieb seine Blüten. Vorsicht war geboten beim Aufhängen der Wäsche, die bösen Geister könnten sonst ihr Unwesen treiben. Bis in die heutige Zeit hält sich, vor allem in dörflichen Gegenden, hartnäckig die Auffassung, daß das Waschen in den zwölf Nächten zwischen Weihnachten und Hohneujahr (6. Januar) verboten sei. Auch an anderen ausgesuchten Tagen sollte man Abstand davon nehmen. Waschverbot bestand in der ersten Mainacht, am Johannistag, am Karfreitag, zu Pfingsten und an allen Sonn- und Feiertagen. Das Nichteinhalten dieser Regeln könne sogar zu Todesfällen im Familienkreis führen. Am Aschermittwoch gewaschene Wäsche wird schwarz, schafft man aber sein Waschpensum bereits zu Fastnacht, dann war blendendes Weiß die Belohnung. Auch das Durchschlüpfen unter der Leine hatte so seine Tücken, vor allem schwangere Frauen mußten sich vorsehen, sonst war das Kind in Gefahr und verfing sich in der Nabelschnur. Nach der Geburt des Kindes hatte es die Wöchnerin weiterhin schwer. Bis zur Taufe durfte sie keine Wäsche waschen. Danach war es wieder gestattet, aber das „in den Wind hängen" der Wäsche stand unter Verbot, da der Säugling unruhig würde und zuviel schreie.

Beim Waschen der Totenwäsche galten regional ganz unterschiedliche Bräuche. Hieß es in einem Ort: „Wenn die Wäsche eines Verstorbenen nicht bald gewaschen wird, kann er nicht mehr ruhen", so konnte einige Kilometer weiter das Gebot gelten: „Solange ein Toter über der Erde steht, soll man nicht waschen, und auch noch eine zeitlang nach der Beerdigung darf im Sterbehause nicht gewaschen werden, sonst liegt der Tote naß im Grab."[1]

Es war also gar nicht so einfach, einen geeigneten Tag für die Wäsche zu finden. Genaue Vorbereitung war vonnöten, damit dieses „Ereignis" gut und ohne Pannen ablief.

Die einzelnen Arbeitsschritte blieben lange Zeit die gleichen. Unterschiede gab es zwischen ländlichem und städtischem Wäschewaschen. Beobachten wir einmal die Wäscherinnen eines Leipziger bürgerlichen Haushaltes

Adolf Neumann, Die Waschfrau, Bleistiftzeichnung, 1861

in der ersten Hälfte des 18. Jahrhunderts. Wohnung und Waschküche befanden sich in der Nähe des Matthäikirchhofes. Die Hausfrau, Frau Hertel, hatte selbstverständlich ihre dienstbaren Geister, sie selbst führte die Aufsicht und ein Haushaltungsbuch, das uns einen Blick in ihren Waschtag gestattet.

Wohlhabende Haushalte verfügten über einen reichhaltigen Bestand an Leinen, so hielt man die „große Wäsche" auch bei Hertels nur im Frühjahr und im Herbst ab.

„Wenn sich die Wäsche Montag früh mit dem Tag anfangen soll, wird das Gefäße die Mittwoch oder Donnerstag im Hoff gesetzt. Das schadhafte vom Böttger ausgebessert, die Dauben eingerichtet, mit einem nassen Hader die Dauben inn- und auswendig bestrichen, auf den Boden Wasser gegossen und eingebühnet. Freitag früh wird das Wasser getragen, dabey bekommt jede Wäscherin eine Semmel und 3 Pf. zu Brandewein."[2]

Die Vorbereitung der Waschlauge erforderte viel Erfahrung. Man benutzte Pottasche, die aus Holz, insbesondere Buchen- oder Eichenzweigen hergestellt wurde. „In den Laugenkorb (er wurde in die Wanne gehängt, d. V.) kommt erst etwas Reiß Holtz und Stroh, alsdann das Aschentuch wieder etwas Stroh und beynahe 1 Gölte (Bottich, d. V.) mit Asche."[3]

Am Sonnabend setzte die Magd der Lauge fertige Seifenstücke hinzu. Sonntags heizte sie den großen Kessel und weichte die Unterhemden, Bündchen, Krausen, Manschetten, Strümpfe, Nachtmützen, Küchenhandtücher ein, alles fein säuberlich getrennt in dafür vorgesehenen Wannen und Bottichen.

Montag war der erste eigentliche Waschtag. Frühzeitig heizte die Magd den Kessel wieder an. Pünktlich um fünf Uhr kamen die Wäscherinnen und wuschen bis drei Uhr nachmittags.

Georg Drescher, Der Trockenplatz von Vetter
in Pfaffendorf, Aquarell, 1884

„Um 3 Uhr werden in einer großen Wanne unten die Strümpfe, weiße Schnupftücher, Quehlen (Handtücher, d. V.) auch alle Kleinigkeiten, dann die Servietten, das Tisch und Bettzeug zum ersten mahl aufgebrüht, die gekochte Seiffe so noch übrig, daraufgegossen und zugedeckt."[4]

Bis zum Abend mußte das Tischzeug gewaschen, die Stärke angesetzt und das Spülwasser mit einem Beutelchen Wäscheblau versetzt sein. In der Nacht rubbelten die Wäscherinnen nochmals die Unterhemden.

Am Dienstag kam das sogenannte Bunte unter die Hände der fleißigen Waschfrauen, selbstverständlich in eigens dafür eingerichtete Wannen, niemals zusammen mit der weißen Wäsche. Von zehn bis elf Uhr wurden die Unterhemden das dritte Mal gewaschen. In das letzte Wasser für die Manschetten, Ärmel und dergleichen kam ein Stärkezusatz, und schließlich, „nach vollbrachtem Spühlen, wird alles aufgeschlagen und jede Sorte ordentlich in die Körbe gelegt".[5]

Am Mittwoch trugen die Mägde die Wäsche zum „Trogen Platz im Rosental", da am Matthäikirchhof kaum Raum zum Spannen von Trockenleinen war. Am Donnerstag bügelten die Plättfrauen die feinen Kleidungsstücke, wie Manschetten, Kragen, Ärmel, und am Freitag war Rolltag für die großen linnenen Wäschestücke.

Die Waschfrauen erhielten für ihre schwere Arbeit elf bis zwölf Groschen. Die Plätterinnen bekamen vier bis fünf Groschen, und die Rollfrauen entlohnte die Hausfrau mit zwei bis drei Groschen. Zum Abendbrot erhielten sie meist noch einen Branntweingroschen. Die Hausfrau ließ einfache, aber sättigende Mahlzeiten kochen – meist Eintöpfe mit Graupen, aber immer mit Fleisch (Kalbfleisch, Rind- und Schweinefleisch sowie zur Osterwäsche Schöpsenfleisch). Außerdem gab es Biermus, Blutwurst, holländischen Käse, Semmeln, Bier und des Abends Branntwein. Nie fehlte die berühmte Leipziger „Butter Bämme". Im Verlaufe des 19. Jahrhunderts mehrten sich die Tage für die „große Wäsche".

In vierwöchigen oder vierzehntägigen Abständen kam beim wohlhabenden Bürgertum die Waschfrau ins Haus.

Mit der ständig fortschreitenden Industrialisierung waren immer weniger Dienstboten, Mägde und Waschfrauen verfügbar.

Kärglicher, aber geregelter Lohn zog sie in die Fabriken, und die bürgerliche Hausfrau mußte sich, mit meist nur einem Dienstmädchen, selbst mit der Wäsche befassen.

Unzählige gedruckte Ratgeber halfen ihr dabei und wiesen den Weg zum „häuslichen Glück". Sie schlugen beispielsweise vor, kein Stück der Haus- und Leibwäsche ungezeichnet zu lassen, da sonst das Verschwinden und Verwechseln auf dem Trockenplatz vorhersehbar sei. „Ein hübscher Kreuzstich in rotem, waschechten Zeichengarn ist am haltbarsten."[6]

Vor dem Waschen galt es, die Wäschestücke zu sortieren, wenn möglich auszubessern, zu zählen und ordentlich ins Wäschebuch einzuschreiben.

Unbedingt zu achten hatte die Hausfrau auf die Lagerung der Schmutz- oder „schwarzen" Wäsche. Oberstes Gebot war, diese niemals aufeinanderzulegen, sondern am „luftigen Orte" aufzuhängen. So hatte Ungeziefer keine Chance, und der muffige Geruch hielt sich in Grenzen. Dieser gutgemeinte Rat konnte bei den engen Wohnverhältnissen einer stetig wachsenden Großstadt wie Leipzig kaum eingehalten werden. Gab es im gutbürgerlichen, wohlsituierten Haushalt wenig Aufbewahrungsraum, so konnte in einem Fabrikarbeiterhaushalt, meist mit noch einem sogenannten Aftermieter, überhaupt nicht auf solche hygienischen Vorschriften geachtet werden.

Das Wäschewaschen änderte sich bis zum Ende des 19. Jahrhunderts kaum. Am Vorabend wurde die Wäsche eingeweicht: „Man reibt die einzelnen Stücke mit Seife ein, legt die schmutzigsten auf den Boden des Waschkübels, die anderen darauf und überschüttet sie mit lauwarmem Regenwasser, sehr schmutzige Wäsche übergießt man mit einer schwachen Seifenlauge, in welcher etwas Soda aufgelöst ist."[7] Für Taschentücher empfahlen die Ratgeberschriften das Einweichen in kaltem Wasser. Am Waschtag wurden alle Stücke mit heißer Lauge zweimal gewaschen und gut gespült. „Das Aufhängen der Wäsche geschehe auf Latten oder Waschleinen, die man vorher mit einem Tuche abgewischt hat."[8]

In den engen Höfen der Großstadt bestanden wenig Möglichkeiten zum Trocknen der „großen Wäsche". Findige Unternehmer ließen außerhalb der Stadt Trockenplätze anlegen, deren Benutzung bezahlt werden mußte. Das Leipziger Adreßbuch von 1894 weist sieben Wäscheplatzinhaber aus, die auch noch große Trockenböden vermieteten, 1912 stieg ihre Anzahl auf elf.

In den großen Mietshäusern gab es zwar Trockenböden, aber die waren meist nur über eine wacklige Leiter oder eine schmale Stiege zu erreichen. An die Wäsche kam nur wenig Luft über kleine Dachluken, die bei Regenwetter geschlossen blieben. Der Begriff „frische Wäsche" hatte sich bei dieser Trocknungsart erledigt.

Gewaschen wurde immer noch mit der Hand, mit Waschbrett und Wäschestampfer. Aufgerissene Waschfrauenhände waren die Folge. Versuche, den Waschvorgang zu erleichtern, begannen in Europa bereits am Ende des 17. Jahrhunderts, wie ein Patent aus England bestätigt.[9] Im Jahre 1767 baute der Theologe Christian Schäffern einen Waschapparat mit Holzrührwerk, und der französische Abbé de Meilleraie entwickelte 1815 eine Doppeltrommelwaschmaschine.[10] 1856 klagt die „Oeconomische Encyklopädie" von J. Krünitz: „Auch zum Reinigen der Wäsche überhaupt hat man verschiedene Maschinen konstruiert, wovon jedoch keine bis jetzt in Vorschlag gebrachte, die Menschenhände hat ersetzen können, indem sie an zwei Fehlern leiden. Entweder sie machen die Wäsche nicht ganz rein, namentlich bleiben die sehr fest haftenden Schmutz- oder Fettflecken oder sie greifen die Wäsche so sehr an, das sie bald Löcher oder Risse bekommen."[11] Noch schlechter kommen die neuen Maschinen im „Wanderbuch eines Ingenieurs" weg: „Die berühmtesten Waschmaschinen verwandeln mit Dampfgeschwindigkeit ein unreines Hemd in einen reinen Lappen."[12]

Allen diesen Unkenrufen zum Trotz konnte dem Erfindergeist kein Einhalt geboten werden. Nimmermüde Tüftler entwickelten Wäscheschaukeln, wobei die gekochte Wäsche „zwischen der beweglichen Schaukel und dem festen Bottich gepreßt und gerieben", Trommelwaschmaschinen, in denen die Wäsche in einer Trommel „durch die Waschlauge gespült", sowie hölzerne Waschzuber mit einem Waschkreuz, das über einen Mechanismus vor- und rückwärts bewegt wurde. In Hausfrauenmagazinen erschienen immer wieder Annoncen von Waschmaschinenherstellern, die ihre Apparate anpriesen und Erleichterung versprachen. Die Haushaltsexpertin Lina Morgenstern bespricht in der Leipziger Illustrirten Zeitung von 1876 unter der Rubrik „Polytechnische Mitteilungen"

Reklamemarke mit Persilwerbung, um 1910

auch „Waschmaschinen zum häuslichen Gebrauch". Sie befand die sogenannte Adams-Waschmaschine für gut, da sie auf jede beliebige Wanne aufgesetzt werden konnte. Dabei mußte die Wäsche durch zwei geriffelte Walzen gedreht werden. Der Vorgang dauerte pro Wäschestück etwa fünf bis zehn Minuten.

All diese Maschinen ersparten der Hausfrau aber nicht das Kochen der Wäsche und das anschließende Herausnehmen der schweren heißen Wäschestücke aus dem Kessel. Eine Neuerung gegenüber dem einfachen Kessel sollte der Kataraktopf bringen. „Der Kataraktopf ist von verzinntem Eisenblech und hat einen Einsatz, von dem drei Hohlröhren nach oben gehen, die in einer Biegung abwärts enden. Man gießt kaltes Wasser mit gekochter Seife auf den Boden des Topfes, bis dasselbe etwas über dem Einsatz steht. Derselbe ist durchlöchert. Wäsche recht eng in den Topf packen. Sobald das Wasser zu kochen beginnt, dämpft die Wäsche, und aus den drei Röhren ergießt sich auf dieselbe das heiße Wasser."[13] 1901 baute die Firma Miele ihre erste Holzbottichwaschmaschine, die noch mit der Hand angetrieben werden mußte. Mit einer Wringmaschine gekoppelt, die die Lauge aus der Wäsche preßte, entsprach sie schon mehr unseren Vorstellungen von einer Waschmaschine. Eine wesentliche Erleichterung brachte aber erst der Elektromotor, der das mühevolle Handleiern ablöste. In den Wohnbereich „durften" die Waschmaschinen erst, als Metallbottiche das Auslaufen des Wassers verhinderten.

Solche Neuerungen konnten sich nur die wohlhabenden Bürger leisten, im Arbeiterhaushalt dominierte noch weit bis in unser Jahrhundert hinein das Waschbrett. So brauchte auch die erste Sächsische Waschbrettfirma von C. M. Schürer aus Geyer nicht um die Abnahme

Reklamemarken mit Werbung für Waschmaschinen und Waschmittel, um 1910

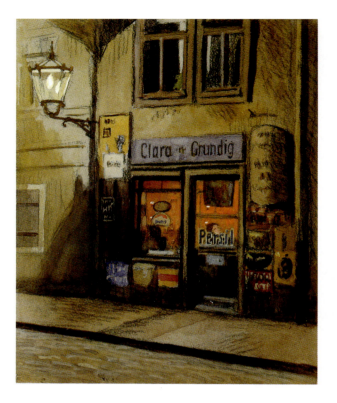

Eine Leipziger Familie am Abend des Waschtages, Fotografie, 1908

Franz Hein, Kramladen in der Leipziger Johannisgasse mit Persilwerbung, Aquarell, um 1910

ihrer Erzeugnisse zu bangen, die sie zur Messe 1915 auf dem Neumarkt 18 ausstellte.

Wer keine eigene Waschmaschine besaß, konnte seine Wäsche in einer der vielen Wäschereien waschen lassen, die wie Pilze aus dem Boden schossen. 1894 gab es in Leipzig dreizehn kombinierte Wasch- und Plättanstalten, 1912 bereits einhundertzweiundvierzig. Sie übernahmen auch die Wäsche, die in Hotels, Gaststätten und Betrieben anfiel. Einige Waschanstalten arbeiteten mit einem Netz von Annahmestellen, das über die gesamte Stadt verteilt war. So betrieb die „Amerikanische Wasch- und Plättanstalt von H. Bary", die ihren Hauptsitz in der Grimmaischen Straße 5 hatte, noch vier Waschgeschäfte mit sieben Annahmestellen. Später lösten sich die Plättereien von den Wäschereien und bildeten eigene Firmen. Außerdem etablierten sich „Wäschereien und Reinigungsanstalten, chemische, auch Seiden- und Wollewäschereien".

Lange Zeit benutzten die Wäscherinnen selbsthergestellte Buchenasche und gaben kleingeschnittene Seifenstücke in die Waschlauge, die sie vom Seifensieder kauften. Das änderte sich erst, als im letzten Viertel des 19. Jahrhunderts waschaktive Pulver entwickelt wurden. 1878 brachte die Firma Henkel ihr Einweichmittel „Henkel's Bleich-Soda" auf den Markt. Die Packungsaufschrift versprach: „Spart bedeutend Seife, macht die Wäsche blendend weiß ..., ... greift Hände und Wäsche nicht an. Löst sich in Wasser sehr rasch, sollte deshalb in keiner Haushaltung fehlen."[14] Henkel kombinierte den 1898 entdeckten Grundstoff Perborat, der durch Sauerstoffabgabe eine gute Bleichwirkung erzielt, mit Silikat und Seife. Das neue Produkt erhielt den Namen „Persil". 1907 kam es erstmals zum Verkauf.[15]

Mit der „Weißen Dame", die Kurt Heiligenstaed

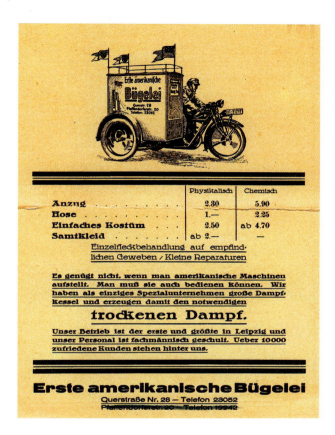

Werbezettel

1922 entwarf und die je nach Zeitgeist ihre Gestalt änderte, sowie dem 1913 erstmalig verwendeten Werbetext „Persil bleibt Persil" trat das neue Waschmittel seinen Siegeszug an. Allerdings mußte es, kaum auf den Markt gekommen, mit harter Konkurrenz rechnen, die sich gleichfalls geschickter Werbung bediente.

So wurde die Hausfrau aufgefordert, „Dr. Thompson's Seifenpulver" mit dem Schwan zu verwenden, und das selbsttätige Bleichmittel „Seifix" aus derselben Firma ersparte angeblich die Rasenbleiche, die in einer Großstadt wie Leipzig sowieso kaum eine Rolle spielte.

Das selbsttätige Waschmittel „Firmit" versprach müheloses Reinigen und Bleichen der Wäsche, und mit „Waschbärseifen sind die Besten" avancierte das Waschen zum Kinderspiel. „Borix" verhieß „Sonne im Waschkessel", und das Sauerstoff-Waschpulver „Reibnit" der Firma Künzelmann aus Dresden konnte „ganz allein" waschen. Wozu die Firma dann noch das „Venezianische Seifenpulver" und die „Venezianische Kernseife" anbot, bleibt fraglich. Die Leipziger Firma G. A. Mosdorf und Co. bot die für die Wäsche „garantiert unschädliche" Kochstärke „Perplex" an, während Hoffmann und Schmidt vom „Guten das Beste" – gemeint war die „Brillant Glanz Stärke Victoria" – anpriesen.

Nach diesen Werbesprüchen zu urteilen, hätte die Hausfrau eigentlich überhaupt keine Arbeit mehr mit der Wäsche haben dürfen. Aber es sollte noch weit bis in die siebziger Jahre unseres Jahrhunderts dauern, bis das leidige Einräumen des Waschhauses, das Anheizen des Kessels, die Kostümierung mit Gummischürze und Kopftuch und das Schleppen der nassen Wäsche auf den Trockenboden wegfiel.

Anmerkungen

1 Vgl. Handwörterbuch des deutschen Aberglaubens, Hrsg. Bächtold, Hanns und Eduard Stäubli, Berlin, New York 1927 - 1941 (Faksimileausgabe 1987), S. 97
2 Dimpfel, Rudolf, Aus dem täglichen Leben einer Leipziger Bürgersfrau vor 200 Jahren – Auszüge aus einem alten Haushaltungsnotizbuch, Leipzig 1929., S. 8
3 Ebenda, S. 8
4 Ebenda, S. 9
5 Ebenda, S. 10
6 Wegweiser zum häuslichen Glück für Mädchen, M.-Gladbach und Leipzig 1888, S. 82
7 Ebenda, S. 84
8 Ebenda, S. 86
9 Sell, Manfred, Waschen – eine saubere Sache, Ehestorf 1991, S. 16
10 Vgl. Orland, Barbara, Haushalts Träume – Ein Jahrhundert Technisierung und Rationalisierung im Haushalt, Königstein 1990, S. 8
11 Krünitz, J., Oeconomische Encyklopädie, oder allgemeines System der Staats-, Stadt-, Haus- und Landwirtschaft in alphabetischer Ordnung, Bd. 233, Berlin 1856, S. 441. In: Sell, a. a. O., S. 16
12 Eyth, U., Im Strom unserer Zeit – Wanderbuch eines Ingenieurs, Heidelberg o. J. (1909), S. 289. In: Sell, a. a. O., S. 16
13 Leipziger Illustrirte Zeitung vom 22. August 1876
14 Sell, a. a. O., S. 46
15 Ebenda, vgl. S. 48

Von der Badestube zum Schwimmbad

Renate Lübke

Öffentliche Badeanstalten gab es in Deutschland erst nach den Kreuzzügen. Sonnabends zog an manchen Orten ein Trupp Badegehilfen mit klirrenden Messingbecken – dem späteren Zunftzeichen der Bader und Friseure – durch die Straßen. Sie luden vor allem die Handwerker, denen das Recht zustand, an diesem Tag eher mit der Arbeit aufzuhören, um sich gründlich säubern zu können, zum Bade ein.

Das mittelalterliche Leipzig kannte das Freibad kaum. Der Bürger, auf den engen Raum seiner von Mauern und Gräben umgrenzten Stadt beschränkt, war auf Badestuben angewiesen. Lustig ging's dort zu! Männlein und Weiblein fanden sich im Bade zu geselligem Gedankenaustausch, Speis und Trank zusammen. Die Sittenbilder dieser Zeit sprechen eine anschauliche Sprache, und oft genug haben die Ratsherren mit Verordnungen eingreifen müssen.

Das erste, urkundlich 1301 erwähnte Badehaus lag vor dem Thomaspförtchen am Pleißenmühlgraben bei der Thomasmühle (am Eingang der heutigen Otto-Schill-Straße), genannt die Thomasbadstube oder Ziegelstube, weil sie ganz aus Ziegeln bestand. Ihr Besitzer, der Bürgermeister Johann Fuhrmann, schenkte sie im selben Jahr dem Thomaskloster. Die geschäftstüchtigen Mönche verpachteten die Baderei jedoch bald an den Ratsherrn Wilhelm Krämer, und von diesem kam sie durch Kauf in städtischen Besitz. 1624 veräußerte sie der Rat an den Bader Friedrich Werner für 2200 Taler „erb- und eigentümlich". Nach Werners Tod 1637 verkaufte sie seine Tochter an den Taucher Bader Hans Breitenfeld bereits für zweitausendfünfhundert Taler, ein Beweis dafür, daß an diesem Gewerbe ein schönes Stück Geld verdient werden konnte. Als die Schweden im Dreißigjährigen Krieg 1642 Leipzig belagerten, wurde die Thomasbadstube niedergebrannt. Breitenfeld verlegte die Badestube 1643 zunächst in das Haus Brühl 69, kaufte 1645 das Haus Burgstraße 16 und erhielt darauf die Badegerechtigkeit (Konzession). Dieses Bad hieß im Volksmund die „Baderei". Der letzte Thomasbader, Johann Siegmund Berger, starb 1724, danach ging die „Baderei" allmählich ein. Daneben werden um 1545 noch drei weitere Badereien genannt: die St.-Georgen-Badestube im Georgenhospital, die Badestuben auf dem Brühl (gegenüber der Katharinenstraße) und an der Hallischen Brücke (Gerberstraße). Letztere wurde wegen Baufälligkeit schon 1560 wieder abgerissen. Die von dem Leipziger Bürger- und Baumeister Hieronymus Lotter 1558/59 am Rannischen Tor erbaute Baderei beschreibt der Chronist Tobias Heydenreich so: "Im Unthertheil der Stadt am Rannischen Thor ist eine schöne steinerne Badestube gantz gewolbet, darinnen viel große Kupferne Wannen, bey dero jeden ein hoher meßingener Hahn, aus welchen das frische Wasser auf das Badegastes begehren, nach aller Lust springen tut!"[1]

Ausgangs des 18. Jahrhunderts verschwanden die Rannische Badstube sowie die Baderei an der Burgstraße wieder. Neue Badestuben entstanden, so zum Beispiel ein vom Rat selbst unterhaltenes Bad nahe dem Floßplatz und der

Abbildung des gefaehrlichen Bade=Orts in dem
Apelischen Garten, bey dem Denkmale des badend
ertrunkenen Zeisolds von Dreßden,
kolorierter Kupferstich, 1778

„Petersbrunnen" in Apels Garten (Otto-Schill-Straße) am Pleißenmühlgraben.

Waren alle die Bäder bis dahin Wannenbäder, so fing man Ende des 18. Jahrhunderts an, Flußbäder anzulegen.

Im Jahre 1773 versuchte der Enkel von Andreas Dietrich Apel, Andreas Friedrich Thomé, das im Siebenjährigen Krieg eingegangene Bad wieder zu errichten. Er schrieb deshalb an Kurfürst Friedrich August III. nach Dresden: „Nun ist nicht zu leugnen, daß bey dieser volkreichen Stadt, wo viel Gewerbe betrieben wird und zugleich eine berühmte Universität ist, ein öffentliches Bad in Ansehung der Gesundheit nötig, als auch überhaupt der Stadt in Ansehung der Einkünfte nützlich seyn würde."[2]

Bisher badeten Leipzigs Bürger außerhalb der Stadt oder „zum Ärgernis ehrbarer Personen in offenen Wassern".[3] Badebekleidung war noch unbekannt, und nackte Menschen galten im Gegensatz zur mittelalterlichen Badestube als sündhafte Erscheinungen. Deshalb wurde sogar gefordert, daß sich Frauen nur im Finstern waschen sollten.

Thomés Pläne scheiterten. Sein Vorhaben, auch den Kranken und Unbemittelten kostenlos sein Bad zu öffnen, stieß erst recht auf den Widerstand der Baderinnung, die Privilegien und Gäste zu verlieren fürchtete. Immerhin hatte sein mißlungener Versuch ein Gutes, denn das „Freibaden" stand nunmehr unter Aufsicht der Fischerinnung. 1774 endlich entschloß sich der Rat, das Baden in den Flüssen zu legalisieren. Die Obermeister der Fischerinnung wurden beauftragt, einige ungefährliche Stellen durch Tafeln als Badeplätze zu kennzeichnen. So entstanden vier Flußbäder, die sich über Jahrzehnte großer Beliebtheit erfreuten: an der Elster hinter der Funkenburg am Rosental (später das Poseidonbad), an der Parthe unterhalb der Gohliser Mühle, zwischen Leipzig und dem Vorort Schönefeld am sogenannten Wässerchen gegenüber der Rietzschke-Einmündung (später das Gothische bzw. Händels Bad) und schließlich an der Pleiße bei der Saubrücke. Darüber hinaus gab es noch ein Bad an der Elster unmittelbar nach ihrem Zusammenfluß mit der Pleiße bei der Sauweide (Möckern) nur für Militärangehörige, unterhalb der Nonnenmühle für zahlungskräftige Badegäste Flußbadehäuser und eine Pferdeschwemme unterhalb der Nonnen- und Angermühle.

Weil sich immer wieder Unfälle ereigneten, wandte sich der Rat unter anderem 1784, 1787 und 1809 mehrfach mit wohlmeinenden Ratschlägen und Verordnungen an die Badelustigen. So heißt es beispielsweise in der Badeordnung von 1784: „Man soll nicht gleich nach gehaltener Mahlzeit, sondern entweder Vormittags nach einem leichten Frühstück oder gegen Abend, wenn die Verdauung der Mittagsspeise meist vorüber ist, baden. Am wenigsten solle man baden, wenn man kurz vorher geistige Getränke, als Bier, Wein oder sogar Branntwein zu sich genommen. Auch soll man nicht nach vorhergegangener Erhitzung sich ausziehen und ins Wasser stürzen, vielmehr eine zeitlang am Flusse ausruhen, bis sich der Schweiß verloren und der Körper eine durchaus gleichmäßige Wärme erlangt hat. Man soll nicht auf einmal ins Wasser springen, sondern nach und nach hineinspringen, auch die ganze Oberfläche des Körpers fleißig abreiben. Man soll nicht den Kopf dem anhaltenden Sonnenscheine aussetzen, sondern ein Tuch um ihn schlagen und so ins Wasser steigen. Nach überstandener Krankheit soll man nur mit Zustimmung eines verständigen Arztes baden."[4]

Die Badeordnung benennt einen strafbaren

*Ernst Heyn, An der Wasserkunst, Aquarell, 1890
Im Vordergrund die Pferdeschwemme an der
Nonnenmühle, rechts die Bade Anstalt zur Nonnen-
mühle von C.F. Weber*

Tatbestand, der heute kurios anmutet – „unanständiges Umherlaufen an den Ufern sowie angrenzenden Plätzen nach erfolgter Entkleidung".[5] Das kostete „10 Thlr. Geld-Buse" und zog mitunter sogar eine Gefängnisstrafe nach sich.

Trotz aller Vorsichtsmaßnahmen kam es dennoch von Zeit zu Zeit in den Leipziger Gewässern zu Badeunfällen. Deshalb gab der Rat der Stadt am 24. Mai 1796 eine „Anweisung, wie im Wasser verunglückten Personen, bis zur Ankunft eines Arztes oder Wundarztes behandelt werden sollten" heraus. Es heißt da: „I. Bey einem sich ereignenden Unglücksfalle suche ein Jeder, wes Standes er auch sey, ohne allen Verzug den Verunglückten aus dem Wasser aufs Trockene zu bringen ... III. In Ermangelung eines nähern und bequemern Zimmers sind nachfolgende Orte zur Aufnahme solcher verunglückten Personen ausgezeichnet, und respective von ihren Besitzern zu diesem Gebrauch menschenfreundlichst bewilligt worden, nämlich:

A.) das bey der Mühle zu Gohlis hierzu erbaute Häuschen,
B.) die Funkenburg,
C.) das Badehaus im Reichelschen Garten,
D.) das Hennigsche Gut am Brand-Vorwerke allwo auch die obenerwähnten Geräthschafts-Kasten und Bettkörbe nebst Friesdecken zur Fortschaffung und Einhüllung des Körpers zu finden sind."

Der Gedanke, eine öffentliche Badeanstalt zu begründen, wurde erst im 19. Jahrhundert in die Tat umgesetzt, nicht zuletzt durch das Wirken des preußischen Generals Ernst von Pfuel, der als Begründer des neueren Schwimmunterrichts gilt und um 1810 die Männerbadehose einführte.

Im Jahr 1826 bat Johann Gottlieb Ehrich, Aufseher einer Badeanstalt in Halle, den Leipziger Rat um die Erlaubnis, eine Badeanstalt errichten zu dürfen, in der er zugleich Schwimmunterricht erteilen könne. Sein Ansinnen blieb erfolglos.

Zwei Jahre später, 1828, ersuchte der Salzwerker Johann Christian Ebert aus Halle, der auf die Bitte einiger Leipziger Studenten und Handlungsdiener hierher gekommen war, den Rat um Genehmigung, einen Schwimmkurs abhalten zu können. Er durfte es in der Pleiße. Auch 1829 und 1830 erteilte er der Leipziger Bevölkerung Schwimmunterricht.

Aber erst im Jahre 1842 wurde in Leipzig die erste öffentliche Schwimm- und Badeanstalt errichtet. Während sich durch die Anstrengungen von Karl Erdmann Heine die Sümpfe und Wiesen zwischen Elster und Pleiße in einen neuen Stadtteil verwandelten, baute der Hofapotheker Neubert seine Schwimmanstalt nach Plänen des Schriftstellers Otto von Corvin in Höhe der Elsterstraße am Kirschwehr. Frauen durften nur in geschlossenen Zellen baden.

Aus einer Beschreibung zur Eröffnung dieser Badeanstalt erfahren wir folgendes: „Auf starken Eichenpfählen, die gegen fünf Ellen tief im Bett des Flusses eingerammt sind, ruhen dreieinhalb Ellen breite von zweizolligen eichernen Pfosten gebildete Brücken, die einen viereckigen Wasserspiegel von 100 Ellen Länge und 25 Ellen Breite einschließen. Dieses große Viereck ist durch eine sechs Ellen breite Querbrücke in zwei ungleich große Flächen geteilt, von denen die kleinste nur zwanzig Ellen lang ist. Dieses kleine Viereck ist mit einem hölzernen Geländer von Eichenholz umgeben ... Das größere Viereck hat nur da Geländer, wo dieselben die Springübungen der Schwimmer nicht stören ... Die Brücken sind zur größeren Bequemlichkeit mit Leinwand bekleidet. Die Anstalt hat in einem besonderen Gebäude über 100 Zellen ...".[6]

*Die Neubertsche Schwimmanstalt an der Elster,
Fotografie nach Zeichnung, um 1860*

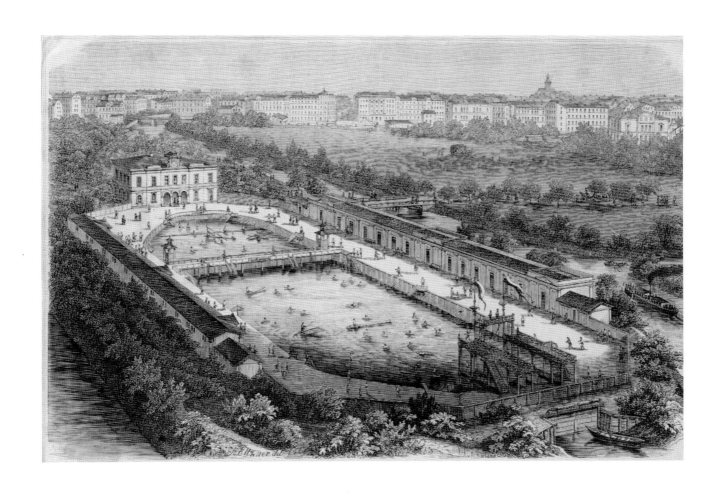

*Christian Adolf Eltzner,
Die neue Leipziger Schwimmanstalt,
Xylographie, 1866*

Das Hallenbad der Leipziger Maschinenfabrik Karl Krause, Postkarte, 1896

Hermann Walter, Im Stadtbad, Fotografie, 1916

Bald wurde die Neubertsche Badeanstalt zum Hemmnis für die wachsende Stadt. Ein Neubau war in Aussicht, doch die abschreckend hohe Summe von mehr als einhundertzwanzigtausend Talern veranlaßte den Rat, den Stammgästen vorzuschlagen, eine Aktiengesellschaft zur Finanzierung zu gründen. Nach Plänen des Architekten Heinrich Dimpfel wurde im Jahre 1866 die als Holzbau errichtete Badeanstalt (das Schreberbad zwischen der Jahnallee und der Käthe-Kollwitz-Straße auf einer bei der Regulierung der Elster entstandenen Insel) im wesentlichen fertiggestellt und die erste Saison eröffnet – ausschließlich als Bad für Männer. Das weibliche Geschlecht blieb weiter auf enge, düstere Badezellen angewiesen. Drei Jahre später, 1869, wurde eine neue Anstalt, ebenfalls nach Plänen von Dimpfel, räumlich getrennt und bezüglich des Wasserflusses völlig unabhängig vom Männerbad, als erste unbedeckte freie Schwimm- und Badeanstalt für Frauen in Deutschland eröffnet. Mit diesen beiden Bädern besaß Leipzig die besteingerichteten Anstalten Deutschlands, die aber nur denjenigen zugänglich waren, die solche komfortablen Bäder bezahlen konnten. Arbeitern und Dienstboten blieben weiterhin nur die Flußbäder, wo nichts oder nur einige Pfennige zu bezahlen waren. Frauen durften dort nicht baden.

Mit der Eröffnung der Gartenanlage Prießnitz-Bad im Jahre 1908 wurde erstmals ein Sonnen- und Luftbad seiner Bestimmung übergeben. 1912, zum Saisonbeginn, wurde hier das erste Freischwimmbecken Deutschlands eingeweiht. Weil das gemeinschaftliche Baden von Männern und Frauen noch nicht gestattet war, teilte man das Becken durch eine große Schiebetür. Erst nach 1918 war es erlaubt, an einem Nachmittag der Woche die Schiebetüren zu öffnen. Mit der Zeit wurden immer mehr gemeinsame Badetage wöchentlich zugestanden und schließlich das Familienbad generell genehmigt.

Die erste Badeanstalt in geschlossenen Räumen war das 1869 in der Dorotheenstraße (Otto-Schill-Straße) eröffnete Sophienbad. Dem folgte 1870 das wohl am elegantesten eingerichtete Diana-Bad in der Langen Straße, 1876 das Friedrichsbad im Naundörfchen, das 1890 umgebaut und Centralbad genannt wurde, sowie 1887 das Marienbad (Ostbad) in der Konradstraße in Neuschönefeld durch den Sägewerksbesitzer Adolf Glitzner. Er hatte erkannt, daß die hohe Wohndichte in der Ostvorstadt Einrichtungen zur Förderung der Gesundheit und zur Verbesserung der sanitäre Bedingungen notwendig machte. Damals galt das Marienbad als das größte Deutschlands. Besucher kamen anfangs nur zögernd; sie mußten oftmals mit niedrigen Eintrittspreisen und Freikarten geworben werden. Ein Anstieg der Besucherzahlen konnte erst durch die Gründung von Schwimmvereinen erreicht werden.

Hinzu kamen das Königin-Carola-Bad in der Dufour-Straße, 1916 das Stadtbad und 1930 das Westbad zwischen Markt- und Odermannstraße als letzter Vorkriegsbau. Darüber hinaus gab es in der Saison noch zehn Fluß- und Sommerfreibäder sowie vierzehn Volks- und Brausebäder. Seit 1890 richteten verschiedene Großbetriebe, wie die Gasanstalt, die Wollkämmerei und die Maschinenfabrik Karl Krause, Brausebäder für ihre Arbeiter ein. Nur ein verschwindend kleiner Teil der Einwohner besaß ein eigenes Hausbad oder ein Badezimmer.

Ende der sechziger Jahre wurde mit dem Bau von „Volksschwimmhallen" begonnen, da die vorhandenen Hallenbäder nicht mehr ausreichten. Sie alle sind nach einem Grundplan ange-

Plakat, 1935/40

legt worden, wobei das Bassin einhundertdreißig bis einhundertfünfzig Personen Platz bietet. Der ersten, 1969 in der Kommandant-Prendel-Allee eingeweiht, folgten weitere acht, in der Kirschbergstraße, im Arthur-Brettschneider-Park, im Mariannen-Park, in der Arno-Nitzsche-Straße, der Straße des 18. Oktober, der Arthur-Nagel-Straße, der Antonienstraße und der Hans-Driesch-Straße.

Wenn die Stadt auch keine großen Flüsse aufzuweisen hat, gibt es doch reichlich Gelegenheit, sich an heißen Tagen abzukühlen.

Jährlich laden zum Saisonbeginn Schreberbad, Gohliser Wacker-Bad und Südost-Bad, das Schwimmbad im Sportforum, das Sommerbad Kleinzschocher sowie das Sommerbad Schönefeld ein. Darüber hinaus stehen die Kiesgrube Südwest, das Naturbad Nordost sowie die Bäder in Taucha, Lindenthal und Kulkwitz zur Verfügung. Ganzjährig Platz für Wasserratten bieten die bereits genannten Schwimmhallen, das Ost- und das Stadtbad sowie das Markkleeberger Poseidon als sogenanntes Erlebnisbad.

Anmerkungen

1 Heydenreich, Tobias, Leipzigische Chronik, Leipzig 1685, S. 28
2 Kapp, Arno, Wie man früher in Leipzig badete. In: 4. Beilage zur Leipziger Volkszeitung vom 20. Juli 1929, Nr. 167
3 Ebenda
4 Badeordnung des Rates der Stadt Leipzig vom 9. August 1784
5 Ebenda
6 Die Gartenlaube, Nr. 36/1866, S. 582

Abenteuer an Leipziger Gewässern

Aus dem Tagebuch eines Schülers von 1865

Brigitte Richter

Ein originelles Zeitdokument von besonders lebendiger Aussagekraft ist das illustrierte Tagebuch eines dreizehnjährigen Jungen aus Leipzig, das sich im Nachlaß einer hier ansässigen Familie befand und 1982 vom Stadtgeschichtlichen Museum angekauft werden konnte.

Ein ganzes Jahr lang, vom „letzten Glockenschlag der 12. Stunde" des Jahres 1864 bis zum 31. Dezember 1865, sind mit erstaunlicher Ausdauer und Sorgfalt fast jeden Tag Erlebnisse und Beobachtungen in dem Büchlein aufgezeichnet worden, und es läßt sich miterleben, was der Alltag diesem Jungen – er hieß Richard Bühle – an Abenteuern bescherte und was durch die Gespräche der Erwachsenen über Politik, das Stadt- und Weltgeschehen in seine Sphäre drang. War er ein Leipziger Räbchen? Er selbst stellt sich als Anstifter von „tollen Streichen" und allerlei „Unsinn" dar, den er mit Schulkameraden und dem jüngeren Bruder Oskar anstellt: „Bällereien" (Schneeballschlachten, d. V.) und „Keulereien" mit „Banden" aus anderen Straßen und Straßenvierteln, wie den „Fleischergässlern", mit den „schissigen" Realschülern und den Thomanern oder gar mit „Bauerrettichen" aus Lindenau. Das alles spielt sich rings um den Markt ab, um die Thomaskirche und die Pleißenburg, in Lurgensteins und in Gerhards Garten, im Leutzscher Holz oder im Rosental. Trotz vieler guter Vorsätze, die seine Schulleistungen und seine Lebenshaltung betreffen, will Richard keinesfalls ein Duckmäuser sein: „... nun nehme ich mir aber vor, ein guter Schüler zu werden ... Donnerwetter!!! ich will, und wenn sich tausend Teufel in den Weg stellen; ich werde sie alle zu Boden schmettern ... das heißt – Unsinn und tolle Streiche werden aber doch gemacht ..."

Richard Bühle wurde am 14. Januar 1852 in Leipzig geboren und wuchs auf in dem Haus „Zu den zwei goldenen Sternen", Klostergasse 14. Sein Vater, der Kaufmann Ferdinand Bernhard Louis Bühle, hatte dort im Erdgeschoß seine Werkstatt und einen Laden, „Bühle & Co., Papier- und Cigarrengeschäft". Das Haus neben der Gaststätte „Zills Tunnel" wurde 1943 durch Bomben zerstört. Die Mutter, Anna Luise Bühle geborene Sternthal, stammte aus Köthen. 1854 kommt der zweite Sohn Oskar zur Welt. Das Dienstmädchen, Friederike Mehnert aus Schkeuditz, genoß offenbar das Vertrauen der gesamten Familie. Besonders der Vater kümmert sich darum, was seine Söhne in ihrer Freizeit unternehmen - wenn sie nicht im Geschäft mithelfen, wie das auch die Mutter tut – ; er gibt Ratschläge zum Schlittschuhlaufen auf dem „Schwans" (Schwanenteich, d. V.) oder setzt eine Belohnung aus für denjenigen, der zuerst an der Nonnenmühle oder „bei Händel" in der Parthe das Schwimmen lernt. Vater und Kinder besuchen eine Raritätenschau und ein Tonfigurendiorama "Die Düppelner Schanzen" in der Handelsbörse und fahren am Pfingstsonntag „auf dem großen Dampfschiff" nach Plagwitz. Sogar an den Ausflügen und geselligen Abenden des Vereins „Rose", dem der Vater angehört, dürfen die Kinder teilnehmen. Seine „Landparthien" aber, zum Beispiel einen Fuß-

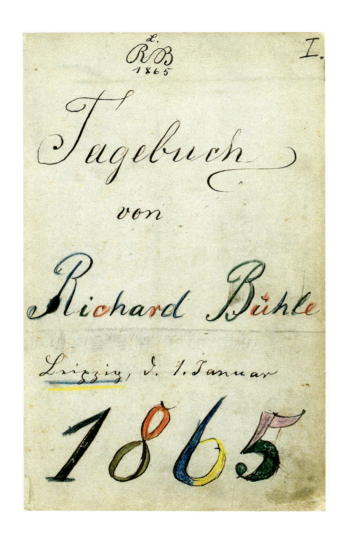

Titelblatt des Tagebuches von Richard Bühle

marsch nach Pegau oder eine Wanderung nach Lützen zum Manöver, unternimmt Richard allein oder gemeinsam mit dem Bruder.

Für einen erlebnisfähigen Jungen von dreizehn Jahren, der seine Eindrücke und seine Gedanken klar und gelegentlich geradezu fesselnd darzustellen versteht, war insbesondere das Jahr 1865 reich an Ereignissen: Es brachte einen strengen Winter mit „mordmäßigen" Schneefällen und das darauffolgende Leipziger Frühjahrshochwasser, den tragischen Tod des amerikanischen Präsidenten Abraham Lincoln, einen heißen Sommer mit Krankheitsfällen von „plötzlicher Geistesstörung" durch Hitzeeinwirkung und mit Badewetter bis Ende September, die Einweihung des ersten Schreberspielplatzes, die Enthüllung des Gellertdenkmals im Rosental, das Baugeschehen auf dem Gelände von Gerhards Garten, „wo Heine sehr viel baut", das Eisenbahnunglück bei Buckau, die Fertigstellung des neuen Dresdner Bahnhofs, den Raubmord an dem Leipziger Kaufmann Markert. Eine wichtige Rolle spielen im Tagebuch aber auch die typischen Leipziger Bräuche und Traditionen, wie die Schaubudenmesse auf dem Roßplatz, das Fischerstechen auf Schimmels Teich, der Tauchsche Jahrmarkt. Richard Bühle gibt seiner Begeisterung oft schwungvoll Ausdruck mit Beiwörtern wie „prachtvoll", „famous", „toll", „mordmäßig" und gebraucht kräftige sächsische Ausdrücke wie „sich halbtot krietschen", „Kaksch" anstellen, Steine „blautsen" lassen, „Schla'e" austeilen. Leider ist der Zustand des mehr als hundert Jahre alten Büchleins bedenklich; das holzhaltige Papier der etwa zweihundert engbeschriebenen Seiten ist morsch, die Tintenschrift stellenweise verblaßt. Einige Abschnitte sind – aus Gründen der Geheimhaltung! – in Gabelsberger Stenographie notiert: Berichte über eine Bootsfahrt, über heimliches Zigarrenrauchen, über den Start einer Rakete in der elterlichen Wohnung oder über den Besuch einer Abendvorstellung des „Freischütz" im Alten Theater, den allerdings die Großmutter auf ihre Kappe genommen hatte.

Die schriftstellerische Ader eines jungen Autors ist unverkennbar, und sein späterer Berufsweg zum Chefredakteur der Leipziger Neuesten Nachrichten bestätigt diese Einschätzung.

Die ausgewählten Texte folgen dem originalen Wortlaut und der originalen Orthographie.

Schneeballschlacht auf Schimmels Teich
Sonntag, d. 29. Jan. 1865. Am Nachmittag ging ich mit Oskar auf die Schimmelei zum Schlittschuhlaufen ... da geschah folgender Vorfall: Sechs Franzosen waren auf der Insel ohne Schlittschuhe angekommen ... Da machten sich zwei derselben den Spaß und warfen eine Dame und auch die Knaben. – Wir Jungens waren aber nicht faul und warfen wieder mit Schneebällen, und im Nu – entstand eine furchtbare Bällerei ... Augenblicklich rissen die Franzosen aus, aber umsonst ... Sie sahen so weiß aus wie der Schnee selbst, mehrmals fielen die Hüte herunter: Die Luft verfinsterte sich ordentlich vor lauter Schneebällen. Immer mehr Menschen strömten dazu ... nach kurzem Gestreite kam es zur Prügelei ... Die Fischer schlugen mit derben deutschen Fäusten drauflos ... die hohen Cylinderhüte waren ganz und gar breitgequetscht.

Schlittschuhlaufen auf dem Schwanenteich, neuer Kälteeinbruch und Schneefall
Montag, d. 9. Jan. Gestern schon hatte es ein bischen gethaut, heute nun thaute es fort ... Um

Der Schwanenteich mit dem „abgetragenen Schneckenberg" im Vordergrund, an dessen Stelle in den folgenden Jahren das Neue Theater gebaut wurde

4 Uhr holte ich und Oskar die Schlittschuhe vom Sattler; wir bezahlten für beide Paar 12 Neugroschen. Dann fuhr ich von 5 Uhr an auf dem Schwanenteich Schlittschuhe, jedoch es stand alles voller Wasser und es ging dennoch prachtvoll mit meinen Schlittschuhen ... auch sind die Eltern nach dem Schwanenteich gekommen und haben uns zugesehen. Ich kann schon so ziemlich „rückwärts" fahren ...

Freitag, d. 10. Febr. ... die Kälte steigerte sich ... bis zu 18 Grad Kälte ... da ich, trotz wiederholten Mahnungen meiner Mutter, keine Handschuhe anzog, erfror ich an jeder Hand einige Finger; zuletzt wurden sie so schlimm, obgleich ich sie mit Frostsalbe einschmierte, daß sie aufsprangen und Löcher hineinkamen ...

Mittwoch, d. 29. März. Immer noch Schneefall ... in den Straßen ist es kaum durchzukommen, weil die Schneearbeiter den Schnee nicht bewältigen können. Große Stockungen auf den Eisenbahnen ...

Das Frühjahrshochwasser 1865
Freitag, d. 7. April ... Auch das Rosenthal ist nicht mehr gut gangbar, ebenso das Leutzscher Holz, das Schleußiger Holz, die Nonne ... Vor allem sind einem Becker aus Großzschocher 84 Klaftern Holz weggeschwommen ... Arme aber kühne Leute gingen bis an den Bauch ins Wasser, um das viele Holz zu holen, was angeschwommen kam. Plötzlich kam der Becker mit 2 Polizeidienern und verlangte das Holz wieder. Die Leute waren aber nicht so dumm, sondern verlangten es bezahlt zu bekommen oder es wieder dahin zu werfen, wo sie es hergenommen hätten. Der Becker mußte sich endlich dazu entschließen – und blechte gehörig ...

Badevergnügen im Händelschen Bad und an der Nonnenmühle
Donnerstag, d. 18. Mai. Um 4 Uhr bin ich, ebenso Oskar und August bei Händel in der Parthe, nicht bei Händel an der Wasserkunst, baden gegangen. Es waren 15 Grad im Wasser. Ich werde nun die Badeanstalt abmalen ...

Sonnabend, d. 24. Juni. Da heute Johannis der Täufer war, gingen wir den ganzen Tag baden ... Händel ist fast von der Klostergasse 1/2 Stunde entfernt und liegt hinter dem Magdeburger Bahnhof.

Freitag, d. 21. Juli ... Wir konnten unsere Badehosen nicht finden, sie waren und blieben verschwunden. Nachdem wir eine Stunde gesucht, sagten es wir dem Vater, welcher sagte, daß er uns ganz gewiß keine Badehosen kaufen würde. Schnell entschlossen ... kauften wir uns im Salzgäßchen jeder eine (fleischfarbene) Badehose, zusammen kosteten sie 8 Neugroschen. Dann gingen wir ... mit Emil, unserem Laufburschen baden in die Nonnenmühle. Es waren 21 Grad.

Es gab sehr viel Unsinn. Erst machten wir dasselbe wie am Montag: Oskar war mehr unter als über dem Wasser und tauchte dann jedesmal mit Fratzen zum todtlachen auf ...

Fischerstechen an der Großen Funkenburg
Donnerstag, d. 3. August. Früh gingen wir mit August, in der Tasche gut mit Papier versehen und schon einige Kähne in der Hand, wieder nach Gerhards Garten. Dort amüsierten wir uns bis 12 Uhr. Nachmittags war Fischerstechen. Ich hörte sie eben blasen, als ich den Fischern noch schnell nachrannte. Es waren nur 28–30 Mann. An der Insel angelangt, mußte ich 5 Pfennige bezahlen. Es war furchtbar voll ... Die Sache ist so: Je zwei Fischer sind auf einem Kahn; einer rudert und einer hat die Lanze.

Nun kommen zwei Kähne auf einander los, und da besteht die Kunst darin, die Lanzen sich gegenseitig streitig zu machen und einen nun vom Kahn in das Wasser zu stoßen. Es war sehr schön und sehr, sehr spaßhaft. Aber dann erst, wie der Aal daran kam! Quer über den Teich ist ein Seil gezogen, woran an einem Bindfaden ein Aal hängt. Jeder Fischer klettert einzeln hinauf und hängt sich mit beiden Händen an den Aal, indem er ihn herunterzureißen trachtet. Da aber der Aal sehr glatt ist, so können sie sich nicht lange an ihm halten und fallen somit bald ins Wasser ... Endlich gelang es einem Moor. (Manche Fischer hatten sich als Moore angestrichen). Um 7 war das Vergnügen zu Ende ...

Die großen "Sprützen" in Aktion beim 6. Deutschen Feuerwehrfest
Sonntag, d. 20. August. Vor allem war heute die Stadt prachtvoll beflaggt, daß man sich fast in die Tage des Turnfestes zurück versetzt glaubte. Am Abend war im Schützenhaus großes Concert ... Ein Unmasse von Feuerleuten waren da, und bezaubernte Musik auch ...
Montag, d. 21. August. Da heute großes Mannöver der Feuerwehren war, ging ich mit Oskar, nachdem die Eltern schon vorausgeg. waren, auch hin; da es aber nicht gut durchzuschwindeln ging, mußte jeder von uns 5 Neugr. bezahlen; dabei wurden wir an der Casse fast todt gedrückt. Die Festhalle ... steht auf dem Floßplatz, das Steigerhaus, welches 4 Stock hoch und von Holz ist, ... wird zum Mannöver benutzt. Dann begannen etwa 1 Std. lang Exerzicien der Feuerwehren ... Etwa 60 Steiger waren immerwährend und oft abwechselnd um, auf und in dem Hause; dabei sendeten etwa 7–10 Sprützen ihre Wasserstrahle. (Wie man sich denken kann, sollte das Haus natürlich ein

Das Händelsche Bad in der Parthe mit Umkleideräumen und Zellen für Damen und Herren
Im Hintergrund die Eisenbahnlinie nach Magdeburg

Feuerwehrmanöver mit Hausattrappe (Steigerhaus), ausgefahrener Leiter und drei großen „Sprützen"

brennendes vorstellen.) Nachdem diese Übungen etwa 1/2 Std. gedauert hatten, wurde plötzlich ein Mann in Hemdärmeln und Nachtmütze im obersten Stockwerk sichtbar, welcher unter dem Ergötzen des Publikums in einem fort nach Hülfe brüllte ...

Bootsfahrt mit Hindernissen
Mittwoch, d. 30. August. Um 3 Uhr ist: Rüder, Henniger, Fuchs, Schulze, ich, Werner, Glöckner, Oskar und August Gondel gefahren ... Nachdem wir vom Kirschwehr etwa 100 Schritte gefahren waren, blieben wir plötzlich sitzen. Nun striefelte ich mir mit Rüder die Hosen in die Höhe ... und wadeten ins Wasser. Wir fingen an, das Boot weiterzuschieben ... Kaum waren wir aber wieder 10–15 Schritte gefahren, als wir wieder festsaßen ... Wir zogen nun die Hosen ganz aus und versuchten zu schieben ... wir wendeten das Boot herum. Es drehte sich gleichsam auf seiner Achse, oder besser gesagt auf seinem Kiele ... aber es ging nicht vom Flecke. Alle mußten aber nun heraus ... Nun machten wir es so: wir zählten 1, 2, 3 ... nun gings aber flott hinaus in den freien Fluß und im Flug zurück ...

Frostwetter und zugefrorene Teiche zum Jahresende
Donnerstag, d. 28. Dezember ... Schon seit 8 Tagen sind die Teiche, aber noch nicht die Flüsse gefroren. Zuerst gefror der Johanna Teich, dann die Schimmelei. Zwar ist der Schwanenteich auch gefroren, aber man hat ihn warscheinlich um Schlamm zu holen, wieder aufgebrochen. Ich bin jedoch noch nicht gefahren, da meine Schlittschuhe weiter gemacht werden müssen ...

Leipziger Brunnen

Alice Hecht

Bevor hölzerne Rohrleitungen und Wasserkünste die Leipziger mit Wasser versorgten, erfüllten Grundwasserbrunnen diese Aufgabe, wobei es sich um Schöpf-, Zieh- oder Laufbrunnen handelte. Vereinzelt waren in der Stadt auch Saugbrunnen (Pumpen oder Plumpen) vertreten. 1537 erhielt der Meister Raimundas Kisling neun Gulden „für ein ehern Ventil in eine Pompen".[1]

Ein Meister aus Eilenburg wurde mit fünf Gulden bezahlt, weil er „die Pompe im Marstall aufs neu zugericht und wieder ganghaftig gemacht".[2]

Der Röhrwasserplan von 1693 verzeichnet in den vier Leipziger Stadtvierteln vierundzwanzig öffentliche Brunnen, die, auf Märkten, Straßen, Gassen, freien Plätzen und vor den Stadtkirchen gelegen, den Leipzigern frisches Wasser spendeten. Viele Grundstücke hatten im Hof ihren eigenen Brunnen. So überzog ein Netz von holz-, später steineingefaßten Brunnen am Ende des 17. Jahrhunderts die Stadt. Der bedeutendste war der Goldene Brunnen, der auf dem Markt gegenüber dem Salzgäßchen stand. Erwähnt wurde er schon im Jahre 1495. 1581/82 errichtete ihn der Ratssteinmetz Greger Richter neu im Renaissancestil. Überlieferungen belegen eine reiche und aufwendige Vergoldung dieses Architekturkleinods, daher stammt sein Name. Er war ein Röhrkasten aus Stein, an dessen vier Ecken Schraubenhähne aus Messing angebracht waren, die den Wasserausfluß ermöglichten. Säulenverzierungen und Plastiken von römischen Kriegern bildeten den oberen Abschluß dieses Schmuckbrunnens, der auf vier Pilastern ruhte. Wer sich dem Markt näherte, sah ihn schon von weitem leuchten. Stadtrechnungen berichten über den Baumeister dieses Brunnens, „die künftigen hern bawmeister nach befindunge kegen den meister Greger Steinmetzen werden sich wol zu erzeigen wissen". 1650 wurde er ausgebessert, übermalt und neu vergoldet. Er erhielt eine eiserne Pumpe für das Quellwasser und eine Haube über dem Wasserschacht. Angebliche Baufälligkeit führte zum Abriß des wohl schönsten historischen Brunnens von Leipzig im Jahre 1826.

Das Schicksal der Leipziger Brunnen, ihre Aufstellung, die Standortwahl sowie ihre Ausschmückung durch Plastiken und Skulpturen, war im 16. und 17. Jahrhundert recht wechselvoll, wie die im folgenden aufgeführten Beispiele verdeutlichen. Außer dem Goldenen Brunnen schuf Greger Richter 1573 den Renaissancebrunnen auf dem Nikolaikirchhof, den zahlreiche Wasserfiguren schmückten. Er wurde 1656 abgerissen und ein Jahr später durch einen neuen Brunnen des Steinmetzen Caspar Junghans ersetzt. Auch der Brunnen auf dem Neumarkt stammt von Richter. 1539 in den Hof des Paulinerklosters verlegt, schmückte ihn nun die Plastik des heiligen Mauritius. 1681 zierte ihn die des Neptun, auf einem dreiköpfigen Meerespferde reitend. 1747 wiederum diente Neptun dem Brunnen am Barfüßerfriedhof als Schmuck. 1688 wurde der Herkulesbrunnen auf den Naschmarkt verlegt, „um des Prospektes

Der Goldene Brunnen, lavierte Federzeichnung, um 1650

halben gegen die Borsche (Börse, d. V.)". Zwei Brunnen standen vor der Thomasschule. Ersterer, der Löwenbrunnen, wurde 1722 von Johann Georg Krafft aus Pirnaer Sandstein errichtet. Der Chronist Johann Salomon Riemer beschreibt ihn mit folgenden Worten: „Er stellet in der Rund ein Wohl faconnirtes Achteck vor und mit Feldern u. Simswerken, auch Fuß- und Cranzgesimsen gezieret und mit Farben gemalt. Auf ihm stehet ein aufgericht sitzendes Löwenbild, so mit der linken Pfote E. E. Hochweisen Rats Wappen, mit der rechten aber auf dem Kopfe eine Muschel und hier aus ferner durch verschiedene Rinnlein in den Brunnen fällt, mithin sowohl ein angenehmes Getöse denen Ohren als auch eine Belustigung vor die Augen abgiebt, dahero dann mit Wahrheit gesagt werden mag, daß dies falls ohneracht viel schöner Brunnen allhier anzutreffen, doch keiner dem jetzigen Stegerischen Springebrunnen an Schönheit gleiche."[3]

1731 schuf Valentin Schwarzenberg für den anderen Brunnen einen Satyrkopf.

Die Reinhaltung und technische Überwachung der Brunnen wurde sehr genau genommen. Zahlreiche Fachleute sorgten dafür, daß sie gut funktionierten. Die Oberaufsicht über die Brunnen führten die sogenannten Bornmeister (Brunnenmeister, d. V.), die aus den Reihen der Brunnengemeinde, jenem Personenkreis, der aus einem bestimmten Brunnengebiet sein Wasser schöpfte, stammten. Sie achteten auf den guten baulichen Zustand der Brunnen und trieben das Borngeld ein. Die Brunnenbauer errichteten neue Brunnenanlagen und reparierten sie auch. Die Bornfeger beseitigten Verunreinigungen und besserten undichte Stellen aus. Gutsituierte Haushalte beschäftigten einen Wasserzieher. Er förderte das kühle Naß aus den Brunnen und trug Eimer und Tröge

Carl Benjamin Schwarz,
Der Neptunbrunnen am Matthäikirchhof,
Aquarell, um 1790

Johann Salomo Richter,
Noth-Röhren-Wächter im kalten Winter,
kolorierter Kupferstich, 1791

direkt in die Höfe, keine leichte Arbeit, denn ein wassergefüllter Kupfereimer wog neun Kilogramm.

Entsprechend den Feuerbestimmungen des Leipziger Rates hatten die Bornmeister auch dafür Sorge zu tragen, daß an jedem Brunnen eine Schleife, eine Art Schlitten, mit einem gefüllten Wasserfaß zu stehen hatte. Dazu bemerkte der Chronist Johann Jakob Vogel fast zweihundertfünfzig Jahre später: „Bei einem jeden Brunnen und Röhrkasten stehen nach Gelegenheit des Raums große starcke eichene Wassereymer auff Kufen mit eisernen Klammern befestigt, welche mit Wasser ausgefüllet u. bey entstehender Feuersgefahr gebrauchet werden."[4]

Außer den öffentlichen Zierbrunnen in der Stadt gab es private, die Gartengrundstücke in den Vorstädten schmückten. Zu ihnen zählte der Brunnen mit sprudelnder Fontäne in Schwägrichens Garten, der bereits um 1790 vom Vorbesitzer Winckler angelegt wurde. 1890 ging er der Gartenarchitektur verloren, weil die Karl-Tauchnitz-Straße auf seinem Gelände projektiert wurde. Auch im 19. und 20. Jahrhundert wurden Plätze und repräsentative Bauten mit Brunnenspielen geschmückt. Am 2. September 1886 fand die feierliche Enthüllung des Mendebrunnens vor dem durch Arwed Roßbach umgebauten Bildermuseum auf dem Augustusplatz statt. Den Zuschlag für die baukünstlerische Ausführung des Brunnens hatte der Nürnberger Architekt Gnauth erhalten. Nach seinem Tod übernahm Hugo Licht, der Erbauer des Neuen Rathauses, die Leitung. Wasser als Lebenssymbol ist das künstlerische Thema des Mendebrunnens. Maritime Sagengestalten umgeben den achtzehn Meter hohen Obelisken, den ein goldener Stern als Symbol der Regenwolken bekrönt. Die Brunnenarchitektur

*Der Springbrunnen in Wincklers Garten
(ab 1814 Schwägrichens Garten),
Aquarell, um 1800*

*Der Mendebrunnen auf dem Augustusplatz,
Xylographie, um 1888*

verkörpert die künstlerische Darstellung der gesamten Wasserwelt im Kleinen. Bei der Gestaltung des Brunnens ließen sich Adolf Gnauth und der Schöpfer der Plastiken Jakob Ungerer von italienischen Barockkünstlern inspirieren. Die Kaufmannswitwe Marianne Pauline Mende hatte für den Brunnen einen Teil ihres erheblichen Vermächtnisses an die Stadt vorgesehen.

Von 1906 bis 1909 erhielt das aufblühende großstädtische Leipzig besonders viele neue Brunnenschöpfungen. Der Rathausbrunnen vor dem Ratskeller wurde am 7. Oktober 1908 eingeweiht. Anläßlich der abgeschlossenen Rekonstruktion des Alten Rathauses 1909 wurden zwei Brunnen im Durchgangs- und Arkadenbereich angeschlossen. Der Brunnen am Ausgang zum Naschmarkt wird von der Bronzeplastik eines Knaben geschmückt, der auf einer Muschel steht und sich auf dem Kopf einen Schwamm ausdrückt. Dieser Brunnen wurde von Carl Seffner vollendet. Der in die Arkadenwand des Alten Rathauses eingelassene Brunnen zeigte einen stehenden Mädchenakt auf einem Sockel, der leider vor zwei Jahren gestohlen wurde.

Der 1906 von Josef Magr geschaffene Märchenbrunnen ist stimmungsvoll in die Grünanlagen am Dittrichring eingepaßt worden. Die Brunnenfiguren fielen während des Zweiten Weltkrieges der Rüstungsproduktion zum Opfer, sie wurden eingeschmolzen. 1965 schufen die Leipziger Bildhauerinnen Elfriede Ducke und Hanna Studnitzka die lebensgroßen Bronzefiguren von Hänsel und Gretel, die in der Mitte des Brunnens auf einem Sockel stehen. Über ihnen ist der plastische Kopf der Knusperhexe mit einem Raben zu sehen.

Der Mägdebrunnen wird ebenfalls von einer lebensgroßen Figur geschmückt, die eine Wasserträgerin verkörpert, 1906 eingeweiht, steht er

Der Märchenbrunnen am Dittrichring, Fotografie, 1906

erst seit 1954 am Eingang zur Goldschmidtstraße. Vorher war er auf dem Roßplatz zu finden, wo ein Laufbrunnen Wasser vornehmlich für die durstigen Pferde spendete. An den äußeren Seiten des Brunnens können heute noch folgende Inschriften gelesen werden:

Wer mit will trinken
Muss mit klinken

Wasser nimmt alles weg
Nur schlechtes Reden nicht

Wer rein Wasser will
Muss reine Kannen han.

Anmerkungen

1   Wustmann, Gustav, Geschichte der Stadt Leipzig, Leipzig 1905, S. 262
2   Ebenda
3   Vogel, Johann Jakob, Leipzigisches Geschicht-Buch oder Annales, Leipzig 1714, S. 93

Nach 1945 wurden zahlreiche sachlich gestaltete Brunnen, wie die Wasserspiele am Sachsenplatz oder in der Grimmaischen Straße, im Stadtzentrum installiert. Erwähnenswert ist auch der bei Kindern beliebte Trinkbrunnen, der „Kühle Conni", der im April 1980 im Wildpark aufgestellt wurde. Umlaufende, lustig gestaltete Tierplastiken zeichnen ihn aus. 1982 entstand im Innenhof des 1981 errichteten Neuen Gewandhauses am Augustusplatz der bronzene Stadtpfeiferbrunnen. Die Bronze stellt einen Stadtpfeifer dar, der offenbar einen über den Durst getrunken hat.

4   Vogel, Johann Jakob, Leipzigisches Geschicht-Buch oder Annales, Leipzig 1756, Cap. VI, S. 94

Leipzigs Drang zum Meer

Andreas Mai/Henning Steinführer

Nach jahrzehntelangen Kämpfen, Wirren und Abwägungen fand 1933, etwa achtzig Jahre nach dem Baubeginn des heutigen Karl-Heine-Kanals, der erste Spatenstich für den Elster-Saale-Kanal statt.[1] Zu diesem Zeitpunkt stand allerdings für das zuständige Leipziger Tiefbauamt fest, daß der Karl-Heine-Kanal, der keine Verbindung zum geplanten Hafen und damit zum Elster-Saale-Kanal erhalten sollte, seine ursprüngliche Funktion verloren hatte. In einer umfangreichen Studie, die 1935 Oberbürgermeister Carl Goerdeler vorgelegt wurde, sprach es sich daher für eine Zuschüttung des Kanals aus. Zu den Argumenten, die gegen seine Erhaltung sprachen, gehörten die Bedeutungslosigkeit für den Güterverkehr, die Unmöglichkeit, ihn als Verbindung für andere Kanalprojekte zu nutzen, da ein weiterer Ausbau nicht möglich sei, die Tatsache, daß er als Wasserzubringer nicht benötigt wurde, und schließlich die sich aus der Zuschüttung ergebenden Vorteile, wie besserer Gleisanschluß des Stadtkais und Landgewinn im Hafengelände sowie Unterbringung von Bodenmassen und die Möglichkeit der Anlegung einer kreuzungsfreien Straße vom Hafen bis zum Messegelände – unter Benutzung der stillgelegten Bahnlinie Plagwitz-Connewitz – im Kanal. Für die Wasserstraße sprachen der beliebte, bereits seit einigen Jahrzehnten betriebene Ausflugsverkehr auf dem Kanal, die außerordentlich große Bedeutung für den Wassersport, da der Kanal zu allen Leipziger Gewässern Verbindung hatte und rege genutzt wurde, die wichtige Funktion für die Feuerwehr und den Luftschutz sowie die achtzehn bestehenden Wasserrechte von Anliegern.

Goerdeler antwortete auf die Studie erst 1936 und entschied sich dafür, den alten Kanal in seiner jetzigen Form noch zehn Jahre zu belassen und dann nochmals über seine weitere „verkehrliche oder sportliche Verwendung" nachzudenken.[2]

Am Anfang des 19. Jahrhunderts war Leipzig nicht nur die führende Messe- und Handelsstadt Deutschlands, sondern auch das Zentrum des europäischen Ost-West-Handels. Die Kaufleute registrierten jedoch einen spürbaren Rückgang ihrer Speditionsgeschäfte, der auf die unzureichenden Verkehrsverbindungen der Stadt – sie verfügte nur über einen Transportweg, den Landweg – zurückgeführt wurde. In den nächsten Jahrzehnten gewann Leipzig durch das sich in alle Himmelsrichtungen entwickelnde Eisenbahnnetz seine führende Rolle als Handelsmetropole zurück. Die Eisenbahn hatte somit eine ähnliche Funktion wie die geplanten Kanäle übernommen. Erst mit dem rasanten industriellen Aufschwung, der Mitte des 19. Jahrhunderts einsetzte, und dem immer härter werdenden Konkurrenzkampf der europäischen Handels- und Wirtschaftsplätze machte sich der fehlende Anschluß an das Wasserstraßennetz stärker bemerkbar.[3] Die ersten praktischen Schritte zu einer Kanalanbindung Leipzigs sind eng mit dem Wirken Karl Heines verbunden. Er hatte es sich zur Lebensaufgabe gemacht, das Überschwemmungsgebiet von Elster und Pleiße

Hermann Walter, Vermessungsarbeiten mit dem Dampfschiff „Columbus" auf dem Elster-Saale-Kanal, Fotografie, um 1900

*Eingang des Elster-Saale-Kanals (heute Karl-Heine-Kanal),
Fotografie, um 1900*

Eingang des Karl-Heine-Kanals, von der Elster aus gesehen
Im Hintergrund die Gebäude von Stöhr & Co.

im Westen der Stadt zu erschließen. Für die Trockenlegung dieses Gebietes benötigte Heine in großen Mengen Aufschüttmaterial. Deshalb und um für das von ihm geplante Industriegebiet in Plagwitz eine kostengünstige Verkehrsanbindung zu schaffen, ließ er ab 1856 mit Genehmigung der sächsischen Regierung einen Kanal auf eigene Kosten bauen, der als Anfangsstück für einen späteren Elster-Saale-Kanal gedacht war. Vom Rat und vom Großteil der Kaufmannschaft nicht unterstützt und teilweise mitleidig belächelt, wuchs aus den Sümpfen und Lachen um das Dorf in den Jahren 1856 bis 1863 das Industrie- und Wohngebiet Plagwitz. Die in den westlichen Vororten ansässigen Industriellen, unter ihnen Rudolf Sack und Eduard Stöhr, erkannten sehr schnell die Bedeutung einer möglichen Wasserverbindung mit der Saale. Als engagierte Mitstreiter Karl Heines gründeten sie am 20. März 1874 den Elster-Saale-Kanal-Verein. Während die Stadt und die Handelskammer seit 1870 eine Kanalverbindung zur Elbe planten, wurden die Arbeiten am späteren Karl-Heine-Kanal zielstrebig fortgesetzt. Bereits 1862 konnte in Anwesenheit von König Johann die Brücke über die Zschochersche Straße dem Verkehr übergeben werden.[4] Am 26. November 1887 fand schließlich die feierliche Eröffnung des zwei Kilometer langen, durch das Plagwitz-Lindenauer Industriegebiet führenden und für Schiffe mit einer Ladekapazität bis sechshundert Tonnen befahrbaren Teilstücks des Kanals statt. Sieben Straßen- und drei Eisenbahnbrücken waren gebaut worden. Jedoch mußte sich Karl Heine 1887 eingestehen, daß er die Kosten für einen Kanalausbau im großen Stil nicht allein tragen konnte. Er übertrug sein restliches Vermögen, seine Grundstücke und die Kanalanlagen an die von ihm gegründete Leipziger Westendbaugesellschaft.[5] 1898 wurde – als letzte von zwölf Brücken über den Kanal – die Luisenbrücke durch die Westendbaugesellschaft errichtet, die den Kanalbau seit dem Tode Heines fortgesetzt hatte. Bis zum Baubeginn des Leipziger Hafens 1938 betrieb sie in der Folgezeit ausgedehnte Sandgruben nördlich der Luisenbrücke.[6]

Der Gedanke, die Stadt Leipzig mit den in ihrer Nähe befindlichen schiffbaren Flüssen zu verbinden, reicht viel weiter zurück, als gemeinhin angenommen wird. Älteste – allerdings nur wenig gesicherte – Hinweise in den Quellen gehen davon aus, daß schon Markgraf Otto der Reiche Ende des 13. Jahrhunderts plante, eine solche Verbindung herzustellen. Einen ersten praktischen Ansatz stellte der 1587 fertiggestellte Floßgraben dar, mit dessen Hilfe die Hölzer Ostthüringens und des Vogtlandes nach den Salinen von Dürrenberg und nach Halle gebracht wurden. Die Stadt Leipzig forderte einen Stichkanal, um sich ausreichend mit dringend benötigtem Baumaterial und Brennstoff versorgen zu können.

Der Kanal wurde 1610 fertiggestellt und war zugleich die erste künstliche Wasserverbindung von der Saale nach Leipzig.[7] Um das Jahr 1630 datieren die Pläne des Leipziger Kaufmanns holländischer Abstammung Heinrich Cramer von Claußbruch, Leipzig durch eine Verbindung mit der Elbe der Schiffahrt zugänglich zu machen.[8]

Im Jahre 1799 beauftragte der sächsische Kurfürst Friedrich August III. sein Ingenieurkorps mit den Vorarbeiten für eine Kanalverbindung Leipzigs nach zwei Seiten: Nach Westen sollten die Unstrut und die Saale schiffbar gemacht und die Luppe kanalisiert werden, nach Osten wollte man über Eilenburg unter Nutzung der Teiche bei Doberschütz

Die Gießerbrücke während der Rekonstruktion

nach Torgau zur Elbe gelangen. Diese Pläne hatten zweifellos beste Aussichten auf eine erfolgreiche Verwirklichung, doch die napoleonischen Kriege und die, durch die verfehlte Bündnispolitik Sachsens erfolgte Teilung von 1815 zwangen zur Aufgabe des Projekts.[9]

Anfang der siebziger Jahre des 19. Jahrhunderts hatte sich die öffentliche Meinung zugunsten einer Kanalverbindung für Leipzig gewandelt, da nachteilige Entwicklungen in Industrie und Handel auf das Fehlen einer Wasserstraße zurückgeführt wurden. Besondere Aktivitäten entwickelte die Leipziger Handelskammer, auf ihr Betreiben wurde im Juni 1870 in Leipzig ein Kanalausschuß gegründet.[10] Die Handelskammer befürwortete vor allem einen Kanal nach Wallwitzhafen bei Dessau. Mit einer solchen Direktverbindung zur Elbe hoffte man, die gefürchtete Konkurrenz der Stadt Halle auszuschalten. Diese Pläne stießen jedoch, wie bereits geschildert, auf den entschiedenen Widerstand der Verfechter eines Leipzig-Saale-Kanals.

Das Jahr 1870 markiert somit den Beginn einer über sechzig Jahre währenden Epoche wasserbaulicher Planungen, in denen eine Vielzahl von Projekten untersucht wurde und die durch die Auseinandersetzung um die vermeintlich günstigste Linienführung gekennzeichnet waren.

Leipzigs Lage an der Nord-West-Grenze Sachsens bedingte, daß die geplanten Kanalverbindungen zwangsläufig die Interessen der Nachbarländer berühren mußten. Sowohl eine mögliche Direktverbindung nach Wallwitzhafen als auch ein Kanal zur Saale erforderten das Einverständnis des Königreichs Preußen und des Herzogtums Anhalt. Besonders Preußen spielte eine schicksalhafte Rolle in der weiteren Entwicklung der Kanalfrage. Die Provinzregierung in Merseburg versprach sich von einer Anbindung Leipzigs über die Saale an das deutsche Wasserstraßennetz einen wirtschaftlichen Aufschwung für die Städte Halle und Merseburg und befürwortete daher lediglich eine solche Verbindung. Bei den preußischen Behörden in Berlin stießen die Pläne einer Direktverbindung zur Elbe ebenfalls auf heftigen Widerstand, man befürchtete das Erwachsen einer unliebsamen Konkurrenz für die Strecken der preußischen Staatsbahnen nach Leipzig und Halle. Die einzige geplante Kanalstrecke innerhalb Sachsens von Leipzig nach Riesa hätte im Vergleich zu den anderen Projekten sehr hohe Kosten erfordert und überdies den Nachteil viel längerer Fahrzeiten bedeutet. Ein solcher Kanal war als mögliche Verbindung mit dem schlesischem Industriegebiet zwar lange Zeit im Gespräch, kam jedoch nie über die Planungsphase hinaus.[11]

Weitere Varianten für eine Wasseranbindung der Messestadt waren die 1891 vom Arnstädter Regierungsbaumeister Bramigk entworfene Verbindung nach Aken an der Elbe,[12] der im selben Jahr vom Rittergutsbesitzer Gontard favorisierte Kanal nach Torgau (ein Wiederaufgreifen des Projekts von Friedrich August III. von 1799) sowie das Kanalprojekt Kreypau-Leipzig-Torgau der Berliner Regierungsbaumeister Havestadt & Contag 1892.[13]

Nach der preußischen Entscheidung von 1893 gegen einen direkten Kanal zur Elbe[14] konzentrierten sich alle Bemühungen der Leipziger Kanalinteressenten auf eine Verbindung zur Saale.[15] Erstmals festgeschrieben wurde eine Kanalverbindung nach Leipzig in dem 1911 dem Reichstag vorgelegten Schiffahrtsabgabengesetz, das jedoch nie zur Ratifizierung kam.[16]

In Leipzig existierte neben dem Elster-Saale-

Der Leipziger Hafen (Hafen Lindenau) mit zwei fertiggestellten Speichern und dem Stadtkai

Kanal-Verein schon seit 1912 der Kanalverein Berlin-Leipzig, der leider immer im Schatten des einflußreichen und mitgliederstarken Elster-Saale-Kanal-Vereins stand. Außerdem dachte seit der vertraglichen Bindung des Elster-Saale-Kanals mit dem Mittellandkanal 1920 keine verantwortliche Planungsstelle mehr über andere Kanalverbindungen nach. Der Verein hatte kein Konkurrenzprojekt im Auge, sondern die Weiterführung der Wasserstraße Leipzig-Saale, um eine Wasserverbindung Leipzigs nach zwei Seiten herzustellen. Damit konnte der Verein, der seit 1913 über ein fertiges Projekt der Firma Havestadt & Contag verfügte, auf eine lange Tradition zurückblicken. Mit der Nichtfertigstellung des Elster-Saale-Kanals erlosch auch der Traum seiner möglichen Weiterführung und damit das Anliegen dieses Vereins.[17]

Die einzelnen Kanalprojekte und ihr jeweiliger Hafen in Leipzig bildeten über Jahrzehnte hinweg immer ein gemeinsames Projekt. Diese Situation änderte sich durch die Staatsverträge, in denen das Reich die Projektierung und Ausführung des Kanals übernahm, sämtliche auszuführende Aufgaben an den Häfen den zuständigen Ländern, Kreisen und Kommunen übertrug. Die sächsische Regierung, die Amtshauptmannschaft und die Stadt Leipzig beschlossen deshalb im Sommer 1927, den Bau des Leipziger Hafens durch eine gemeinsame Aktiengesellschaft zu finanzieren.[18] Die endgültige Genehmigung des Projekts erfolgte 1937 durch das Reichsverkehrsministerium und die sächsische Landesregierung.[19] Am 27. Mai 1938 (in der Literatur auch der 3. Juni, d. V.) erfolgte der erste Spatenstich am Hafen durch Oberbürgermeister Walter Dönicke. Seine immense Bedeutung für die Wirtschaft, für die Stadt Leipzig und das weite Umland machten diesen Tag, trotz der Tatsache, daß der Großteil der jahrelang engagiert wirkenden Interessenten nicht anwesend war und die Feier der Glorifizierung nationalsozialistischen Aufbauwillens diente, zu einem Erfolg für Leipzig und Mitteldeutschland.[20]

Auf Weisung des Reichsverkehrsministeriums wurden 1942 fast alle Arbeiten am Kanal und an der Saale eingestellt. Durch den kriegsbedingten Material- und Arbeitskräftemangel, ganz zu schweigen von der mißlichen finanziellen Lage, kam es 1943 auch an der Schleusentreppe bei Wüsteneutzsch und am Leipziger Hafen zum Abbruch aller Bauarbeiten.[21] Am gesamten Elster-Saale-Kanal waren achtzig Prozent der Erdarbeiten, fünfzig Prozent der Betonarbeiten und siebzig Prozent der sonstigen Arbeiten bewältigt.[22]

In den Nachkriegsjahren hat vor allem Leipzigs Oberbürgermeister Erich Zeigner die Fertigstellung des Kanals immer wieder zu einem Grundanliegen des Wiederaufbaus der Messestadt gemacht. Außerdem galt der Elster-Saale-Kanal neben der Elstertalbrücke als das wichtigste Projekt beim Wiederaufbau der Verkehrswege Sachsens.[23]

Die Sowjetische Militäradministration in Deutschland nahm jedoch gegenüber den Leipziger Plänen eine ablehnende Haltung ein, auch Vorsprachen beim Zentralvorstand der SED und bei Otto Grotewohl konnten die endgültige Entscheidung nicht mehr verändern.[24] Am 24. Januar 1949 teilte der Präsident der Deutschen Wirtschaftskommission, Heinrich Rau, Zeigner mit, daß keine Möglichkeit bestünde, die Fertigstellung des Kanals in Angriff zu nehmen.[25]

In den sechziger Jahren fanden die Planungen ihren „vorläufigen" Abschluß, da das Ministerium für Verkehrswesen der DDR anwies, sämtliche Projektierungen zum Kanal zu beenden und alle Vorbehaltsflächen in den Flächennutzungsplänen zu löschen, da keine Aussicht auf Ausführung des Wasserweges bestünde. Aber noch immer war der Traum von der Hafenstadt nicht erloschen, denn trotz der Weisung erfolgten Flächenfreihaltungen, in Leipzig vor allem am Hafen.[26]

Anmerkungen

1 Stadtarchiv Leipzig, Rat der Stadt, Tiefbauamt, Nr. 79
2 Ebenda, Nr. 53
3 Beyer, Peter, Leipzig und die Anfänge des deutschen Eisenbahnbaus, Weimar 1978, S. 49 ff.
4 Götz, Paul, Der Elster-Saale-Kanal, Leipzig 1893, S. 12
5 Staatsarchiv Leipzig, Amtshauptmannschaft Leipzig, Nr. 4003
6 Grundmann, Wolfgang, Historisches rund um Grünau, hrsg. vom Kulturbund der DDR, Gesellschaft für Heimatgeschichte, Leipzig 1986, S. 77
7 Stadtbibliothek Leipzig, Bd. 6261
8 Stadtarchiv Leipzig, Rat der Stadt, Bd. 9818
9 Lange, Walter, Auf höchsten Befehl ihro Churfürstlichen Durchlaucht. In: Leipzig - eine Monatszeitschrift, Heft 7/1931, S. 202
10 Ein Canal von Leipzig nach der Elbe. Darstellung der bisherigen Verhandlungen. Auf Veranlassung der Handelskammer Leipzig als Manuskript gedruckt, Leipzig 1873
11 Stadtarchiv Leipzig, Rat der Stadt, Cap. 23, No. 22, Vol. I.
12 Hasse, Ernst, Der neueste Stand der Leipziger Kanalfrage, Leipzig 1892
13 Havestadt/Contag, Die Leipziger Canal-Frage, Leipzig 1892
14 Stadtarchiv Leipzig, Rat der Stadt, Cap. 23, No. 22, Vol. I
15 Stadtarchiv Leipzig, Rat der Stadt, Cap. 23, No. 22, Vol. II
16 Staatsarchiv Leipzig, Polizeipräsidium -V-, Nr. 3891
17 Stadtarchiv Leipzig, Rat der Stadt, Tiefbauamt, Nr. 79
18 Ebenda
19 Stadtbibliothek Leipzig, IG 307
20 Ebenda
21 Stadtarchiv Leipzig, Stadtverordnete und Rat, Nr. 9821
22 Hafenstadt Leipzig. In: Sonntag 2/1947, Nr. 18
23 Stadtarchiv Leipzig, Stadtverordnete und Rat, Nr. 9821
24 Staatsarchiv Leipzig, Kreis-, Industrie- und Handelskammern Nordwestsachsens, Nr. 3236
25 Stadtarchiv Leipzig, Stadtverordnete und Rat, Nr. 9821
26 Auskünfte des Amtes für Verkehrsplanung der Stadt Leipzig

Die Öffnung und Renaturierung von Elster- und Pleißenmühlgraben - das Projekt NEUE UFER

Heinz-Jürgen Böhme

Aus heutiger Sicht verwundert es schon, daß zu Beginn der 1950er Jahre der Stadt offenbar widerstandslos eine weitere, sehr tiefe Wunde geschlagen werden konnte. Ausgerechnet in einer Zeit, von der man meint, sie hätte wie kaum eine andere den Sinn für noch bestehende Werte geschärft, hatte man damit begonnen, das wichtigste zentrumsnahe Fließgewässer Leipzigs, den Pleißenmühlgraben, aus dem Stadtbild zu verdrängen. Ja, im Rahmen von "Aufbau"-Einsätzen wurde es sogar als Errungenschaft gepriesen, den Fluß, den man selbst zur stinkenden Kloake hatte verkommen lassen, nun endlich beseitigt zu haben - als „vorsorgliche wasserwirtschaftliche Maßnahme zur Gesunderhaltung der Bevölkerung", wie es in einer damaligen Zeitungsüberschrift hieß.

Auf über drei Kilometern Länge, vom ehemaligen Germaniabad am Schleußiger Weg bis zum Rosentalwehr, wurde der Fluß den Blicken der Leipziger durch den Bau einer unterirdischen Wölbleitung entzogen (der Abschnitt vom Rosentalwehr bis zum Zoo fiel gänzlicher Trockenlegung und Verfüllung zum Opfer).

In einem Akt städtischer Selbstzerstörung war damit auch formal die Gleichsetzung der einstigen Lebensadern Leipzigs mit Abwasserkanälen manifestiert. Die Ursache dieser Gewaltaktion, die Dauereinleitung ungeklärten, stark phenolhaltigen Schwelwassers der Braunkohlenbetriebe Böhlen und Espenhain, blieb jedoch – noch Jahrzehnte – unangetastet.

Einmauern und unsichtbar machen – demagogische Spiegelfechterei als „operative Lösung des Pleißeproblems". Als rund zehn Jahre später auch noch der Elstermühlgraben vom Schreberbad bis zur Jacobstraße in den Untergrund gezwungen wurde, waren der Stadt fast sechs Kilometer potentiell hochwertigste Flußlandschaft verlorengegangen. Dort, wo die Mühlgräben früher mit ihren malerischen Ufereinfassungen, Brücken, Stegen und Wehren unverwechselbare Bestandteile eines in sich geschlossenen urbanen Systems bildeten, blieben meist Brach- und bestenfalls Grünflächen zurück. Einzig der Moloch Verkehrsbau profitierte über die Jahre kräftig und konnte sich noch ungehemmter und maßloser ausdehnen. Das charakteristische, zum Teil über Jahrhunderte gewachsene Fluidum mancher schon durch den Krieg schwer in Mitleidenschaft gezogenen Stadtteile wurde nun gänzlich ausgelöscht, verbliebene Strukturen abgebrochen oder durch die planmäßige Vernachlässigung realsozialistischer Baupolitik bis zur Unkenntlichkeit deformiert.

Das vom STADT-KULTUR-PROJEKT Leipzig, einem freien Zusammenschluß von Künstlern und Architekten, 1990 initiierte und langfristig angelegte Projekt NEUE UFER ist nach verschiedenen Versuchen öffentlicher Zeichensetzung (unter anderem mit der Aktion „Pleiße ans Licht") spätestens mit dem 1991 durchgeführten gleichnamigen interdisziplinären Entwurfsseminar zum Synonym für die Öffnung und Renaturierung der beiden Flüsse geworden. Trotz zahlreicher Widerstände und Vorurteile konnte die Idee zunehmend Akzeptanz gewinnen.

Blick von der Hufeisenbrücke über den Pleißenmühlgraben zur Schloßbrücke, um 1930

Wölbleitung des Pleißenmühlgrabens im Bereich der Beethovenstraße

Etwa der gleiche Blick heute, nach Kriegszerstörungen und Überwölbung des Flusses zu Beginn der 1950er Jahre

Gleichzeitig zeichnete sich auch deren Komplexität und Vielschichtigkeit immer deutlicher ab, ihre Vernetzung mit stadtstrukturellen Problemen ebenso wie der Zusammenhang mit der hydrologischen Situation der gesamten Region, insbesondere der des Leipziger Südraums. Mit der Übernahme des Vorhabens durch den Europäischen Energie- und Umweltpark (EUP) Leipzig im Herbst 1992, mit der Bildung einer Regiegruppe und der großzügigen Bewilligung von Fördermitteln der Deutschen Bundesstiftung Umwelt für die Erarbeitung von städtebaulichen, landschaftsplanerischen und hydrologischen Untersuchungen im Frühjahr 1993, ist es gelungen, einen neuen Status zu erreichen. Dies war um so notwendiger, da unter dem Zeichen zunehmender Bautätigkeit im Bereich der verrohrten Flüsse auch der Druck zugenommen hatte, zu klaren Aussagen hinsichtlich der hydrologischen, hydrochemischen und wasserbaulichen Voraussetzungen für den Rückbau der Mühlgräben zu gelangen. Hinzu kommt, daß sich der überwiegende Teil der Pleißenwölbleitung (einschließlich der darin eingebundenen alten Brücken) in einem stark sanierungsbedürftigen Zustand befindet. Es käme einer Schildbürgerei gleich, wenn die hierfür auf die Stadt zukommenden Kosten nicht direkt der abschnittsweisen Freilegung und weiteren Verbesserung der Wasserqualität zugute kämen, sondern für die Zementierung dieser unwürdigen Kanalsituation verpulvert würden. Die immer zahlreicher werdenden Bauvorhaben am Fluß, vorrangig am Pleißenmühlgraben, sind ebenfalls als ein wesentlicher Projektkatalysator einzustufen, wo es besonders des behördlichen Willens bedarf, die Kraft der jeweiligen Investoren in die richtige Richtung zu lenken.

Zwar kann man heute noch nicht davon reden, die Idee der Flußrevitalisierung sei gewissermaßen schon städtisches Allgemeingut, aber die begonnene Sanierung des Karl-Heine-Kanals, die Wiederbelebung der östlichen Rietzschke, die Bewässerungsaktion des südlichen Auewaldes usw. zeigen, daß sich zunehmend auch an anderen Stellen Projekte mit ähnlicher Orientierung den Weg bahnen und Finanzierungs- und Realisierungsmöglichkeiten erschließbar sind. Auch hier geht es letztlich in jeweils ganz spezifischer Form um die Verbindung ökologischer und urbaner Grundqualitäten, um die Rückgewinnung und die Erhaltung von Lebensraum.

Nach umfangreichen städtebaulichen und hydrologischen Voruntersuchungen Leipziger Architekten und des Umweltinstitutes Leipzig konnten im Frühjahr 1994 in einer Arbeitsausstellung im Neuen Rathaus die Rahmenpläne und Studien für die Freilegung und Neugestaltung der derzeit noch überwölbten bzw. verrohrten Flußabschnitte des Pleißen- und Elstermühlgrabens der Öffentlichkeit vorgestellt werden. In dieser Planungsstufe sind die städtebaulichen und gestalterischen Grundorientierungen fixiert, die die Wiedergewinnung der kulturhistorisch und ökologisch überaus bedeutsamen Achsen als abwechlungsreiche städtische Flußlandschaft zum Ziel haben. Anhand einer Reihe, in diesem Kontext zum ersten Mal zusammengestellter Architekturmodelle von Investoren, die entlang des Pleißenmühlgrabens bauen werden bzw. bereits bauen, wurde auch ein Stück des Konfliktpotentials und der jetzt schon vorhandene Zeitdruck dieses Projekts deutlich. So sollte zum Beispiel von der Stadtplanung endlich darauf hingewirkt werden, daß die künftig frei fließenden Flüsse und ihre uferbegleitenden Grünzonen zwar als lokal modifiziertes, aber durchaus

homogenes Bindeglied zwischen den Teilen der Stadt wirksam werden können. Das heißt, es muß schnellstmöglich zur Erarbeitung übergreifender hydrotechnischer und gestalterischer Vorgaben kommen, damit sich nicht, wie es sich in manchen Plänen und Modellen bereits abzeichnete, jeder Bauherr den Graben nach eigener Fasson zurechtstutzen kann. Die Ausstellung hat außerdem gezeigt, daß einige Investoren bezüglich der Freilegung verunsichert sind. Widersprüchliche Darstellungen ihrer Bauten – mal mit und mal ohne Fluß – signalisieren, daß die städtischen Ämter, die die Prozesse von Anfang an begleiten und die den direkten Kontakt zu den Investoren haben, die Thematik bislang sehr halbherzig vermittelten und die Koordinierung dieser Fragen (so sie denn überhaupt stattfindet) mangelhaft ist. Selbst das Regierungspräsidium, von dem ein positives Signal erwartet werden durfte, ignoriert mit seinem Neubauprojekt an der Wundtstraße die unmittelbare Nachbarschaft zur Pleiße und ihrer gerade an dieser Stelle besonders desolaten Wölbleitung. Chancen für einen spezifischen Standortbezug, das heißt die Thematisierung einer Architektur am Fluß, nicht zuletzt mit stadtökologischer Beispielwirkung, sind hier und andernorts schon jetzt vergeben. Daß sehr wohl auch ohne bestätigten Rahmenplan produktive Einflußnahme im Sinne der NEUEN UFER möglich war (immerhin gibt es den Beschluß des Stadtparlaments vom 17. November 1992 zur Unterstützung des Projekts), zeigt unter anderen das Beispiel der Dresdner Bank, die im Zuge ihres geplanten Neubaus auf dem Areal des ehemaligen Lurgensteinschen Gartens und der Thomasmühle die Freilegung des Pleißenmühlgrabens von der Schillstraße bis zur Gottschedstraße zugesichert hat.
Werden nun die vorliegenden städtebaulichen Rahmenpläne für Elster- und Pleißenmühlgraben von der Stadtverordnetenversammlung gutiert, was nach Lage der Dinge leider erst in der nächsten Legislaturperiode, also frühestens im Herbst 1994 erfolgen kann, bedeutet dies die Konsolidierung aller bisherigen Bemühungen und einen entscheidenden Qualitätssprung des Projekts.

Es ist jedenfalls nur möglich, die historisch gewachsende Typik der betroffenen Stadtteile wieder aufzunehmen und substantiell weiterzuentwickeln (das sollte immer noch oberstes Planungsziel sein), wenn mit der denkmalgerechten Sanierung der Altbausubstanz und den hoffentlich maßvollen Neubauvorhaben auch die schrittweise Revitalisierung der Mühlgräben und ihres unmittelbaren Umfeldes einhergeht. Diese dringend notwendige Erneuerung der Milieuwerte etwa des Musikviertels, der Inneren Westvorstadt, des Naundörfchens und des Waldstraßenviertels wird künftig nicht nur zu höheren Attraktivität der Stadt insgesamt beitragen, sondern ihr ein wesentliches Stück kultureller Identität zurückgeben.

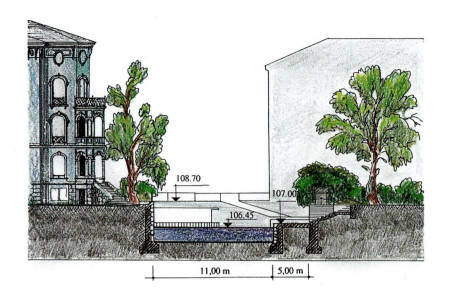

*Querschnitt des Pleißenmühlgrabens
im Bereich Simson-/Lampestraße
Entwurf Architekturbüro Wandelt*

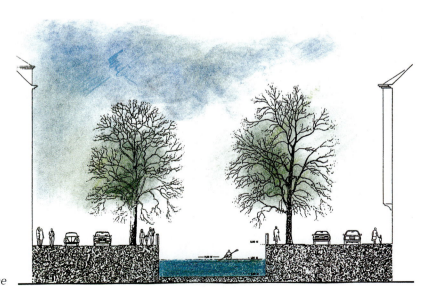

*Elstermühlgraben an der Elsterstraße mit
Poniatowskidenkmal
Entwurf Bernd Sikora, Mitarbeit Stefan Barme*

1

4

2

5

3

6

Chronologie der bisherigen Projektentwicklung
NEUE UFER

Herbst 1988
Anläßlich eines Wettbewerbs zur städtebaulichen Neugestaltung des Leipziger Stadtzentrums wird durch ein Team von Architekten und Künstlern erstmals öffentlich die Forderung nach Freilegung des Pleißen- und Elstermühlgrabens erhoben.

Januar 1990
Im Rahmen der 1. Volksbaukonferenz wird in einer Arbeitsgruppe unter anderem die Sanierung und Freilegung Leipziger Fließgewässer thematisiert und in einen Forderungskatalog aufgenommen.

Frühjahr 1990
Gründung des STADT-KULTUR-PROJEKTS, einem freien Zusammenschluß Leipziger Künstler und Architekten (Heinz-Jürgen Böhme, Detlef Lieffertz, Bernd Sikora und Angela Wandelt).

Mai 1990
Ausstellung „Schritt für Schritt – behutsame Stadterneuerung" in der Hochschule für Grafik und Buchkunst Leipzig, initiiert und veranstaltet durch Leipziger Künstler und die Initiative Leipziger Architekten, mit Forderungen und planerischen Hinweisen zur Entwicklung der Leipziger Flußlandschaft.

7. November 1990
Aktion "Pleiße ans Licht", Markierung des in einer Länge von rund 3,5 Kilometern überwölbten Pleißenmühlgrabens, organisiert von Künstlern, Schülern und Umweltgruppen anläßlich der Baufachmesse in Leipzig und des Besuches der Bauministerin.

7. - 22. November 1990
Ausstellung „PRO LEIPZIG - Ansätze zur behutsamen Stadterneuerung" im Rahmen der Ausstellung des BDA „Orte, Ideen und Entwürfe – 40 Jahre Architektur und Städtebau in der Bundesrepublik"; Forderung, die Öffnung und Neugestaltung der Flüsse als Bestandteil weitreichender städtebaulicher Planungen anzuerkennen.

März 1991
Vom STADT-KULTUR-PROJEKT in Zusammenarbeit mit der Heinrich-Böll-Stiftung herausgegeben, erscheint die Nr. 1 der Publikationsreihe NEUE UFER, die wesentlich dazu beitragen soll, spezifische Themenkomplexe wie Freilegung und Renaturierung Leipziger Fließgewässer, regionale Gewässergeschichte, Ökologie und Stadtplanung usw. zu behandeln, öffentlich zu machen und Vorurteile abzubauen; das erste Heft dieser Reihe erläutert die Grundproblematik der Leipziger Gewässersituation und ist Grundlage für ein geplantes Entwurfsseminar.

Nebenstehende Abbildungen:

1 *Pleißenmühlgraben an der Otto-Schill-Straße*

2 *Pleißenmühlgraben am Dittrichring*

3 *Pleißenmühlgraben am Naundörfchen*

4 *Elstermühlgraben an der Friedrich-Ebert-Straße*

5 *Elstermühlgraben an der Thomasiusstraße*

6 *Elstermühlgraben in der Jahnallee*

30. Mai - 02. Juni 1991
Interdisziplinäres Entwurfsseminar "NEUE UFER" in der Hochschule für Grafik und Buchkunst Leipzig (initiiert und durchgeführt vom STADT-KULTUR-PROJEKT) mit vierzig Teilnehmern aus allen Teilen Deutschlands.

02. Juni - 30. Juni 1991
Ausstellung "NEUE UFER" mit historischen und zeitgenössischen Bild- und Plandokumentationen sowie den Ergebnissen des Entwurfsseminars und einer Videoinstallation zum Thema.

Februar 1992
Das Heft NEUE UFER Nr. 2 erscheint mit einer umfassenden Darstellung der Ergebnisse der elf Arbeitsgruppen des Entwurfsseminars.

19. Februar 1992
Antrag an die Stadtverordnetenversammlung, sich grundsätzlich zur Revitalisierung der Leipziger Flüsse zu bekennen, um diese wieder zu einem integralen Bestandteil des Stadtgefüges zu machen.

Mai 1992
Erste Projektskizze an die Deutsche Bundesstiftung Umwelt zur Förderung der Weiterführung des Projekts und für die Erarbeitung von städtebaulichen, landschaftsplanerischen und hydrologischen Untersuchungen.

Herbst 1992
Der Europäische Energie- und Umweltpark (EUP) Leipzig übernimmt das Projekt; Bildung einer Regiegruppe, der auch Vertreter des Stadtplanungsamtes, des Umwelt- und des Grünflächenamtes, des Umweltinstitutes sowie die Mitglieder des STADT-KULTUR-PROJEKTS angehören.

17. November 1992
Beschluß der Stadtverordnetenversammlung zur Unterstützung der Öffnung und Renaturierung der Leipziger Flüsse und zur Erarbeitung eines entsprechenden Rahmenplanes.

März 1993
Der vom Wirtschaftskreis Hannover ausgelobte "Hannover-Preis '93" zu Stadtentwicklung und Stadtkultur in Deutschland in den neunziger Jahren geht an das STADT-KULTUR-PROJEKT Leipzig für die „NEUEN UFER".

April 1993
Bewilligung der Fördermittel der Deutschen Bundesstiftung Umwelt zur Weiterführung des Projekts „NEUE UFER".

August 1993
Erarbeitung einer „Studie zur Öffnung der Wölbleitung des Pleißenmühlgrabens" durch das Umweltinstitut Leipzig im Auftrag des EUP.

Herbst 1993
Erarbeitung von städtebaulichen und landschaftsplanerischen Studien für die von den Flüssen durchquerten Stadtteile (Rahmenplan Pleißenmühlgraben: Architekturbüro Wandelt; Rahmenplan Elstermühlgraben: Bernd Sikora, Mitarbeit Stefan Barme; Grünflächenpläne: Architekturbüro Seelemann/Landschaftsarchitektin Brigitta Wendt)

11. - 28. April 1994
Ausstellung „NEUE UFER" – Untersuchungen, Rahmenplan und Neubauvorhaben zur Öffnung von Elster- und Pleißenmühlgraben in der Unteren Wandelhalle des Neuen Rathauses

Anhang

Register

Abfälle 14, 19, 23
Abwasser 19
Abwasserkanäle 89
Abzuchten 18
Apels Garten 54, 55
Auewald 2, 91
Ausgrabungen 1, 9, 23

Badeanstalten, siehe Bäder
Badebekleidung 55
Badegerechtigkeit 53
Badehaus, Baderei 53
Badeordnung 55
Bader 53
Badestuben 53, 55
   Petersbrunnen 55
   Rannische Badstube 53
   St.-Georgen-Badestube 53
   Thomasbadstube (Ziegelstube) 53
Bäder 53, 56, 57, 62, 68
   Hallenbäder
      Diana-Bad 62
      Friedrichsbad (Centralbad) 62
      Hallenbad von Karl Krause 60
      Königin-Carola-Bad 62
      Marienbad (Ostbad) 62
      Poseidon Markkleeberg 62
      Sophienbad 62
      Stadtbad 61, 62
      Volksschwimmhallen 62
      Westbad 62
   Freibäder
      Germaniabad 89
      Gothisches Bad (Händels Bad) 55, 65, 68, 69
      Händelsches Bad 68
      Kiesgrube Südwest 62
      Naturbad Nordost 62
      Neubertsche Badeanstalt 57, 58
      Poseidonbad 55
      Prießnitz-Bad 62
      Schreberbad 57, 62, 89
      Sommerbad Kleinzschocher 62
      Sommerbad Schönefeld 62
      Sportforum 62
      Südost-Bad 62, 63
      Wacker-Bad Gohlis 62
Bootsfahrt 67, 70
Bornfeger 72
Bornmeister 72, 74
Brausebad 62
Brücken 83, 89
   Elstertalbrücke 87
   Gießerbrücke 84
   Hufeisenbrücke 90
   Luisenbrücke 83
   Saubrücke 55
   Schloßbrücke 90
Brunnen 12, 14, 16, 23, 71, 72, 74, 76, 77, 78
   Goldener Brunnen 71, 72
   Herkulesbrunnen 71
   Kühler Conni 78
   Löwenbrunnen 72
   Mägdebrunnen 77
   Märchenbrunnen 77
   Marienbrunnen 11
   Mendebrunnen 74, 76
   Neptunbrunnen 71, 73
   Rathausbrunnen 77
   Springbrunnen in Wincklers Garten 75
   Stadtpfeiferbrunnen 78
   Stergerischer Springebrunnen 72
Brunnenspiele 74

Connewitz 18

Druckwasserversorgung 18
Dunggrube 4, 8

Elster-Saale-Kanal, siehe Kanäle
Elster-Saale-Kanal-Verein 83, 85, 87

Entsorgung 19

Familienbad 62
Feuer, Feuergefahr 74
Feuerbestimmungen 74
Feuerspritze 69, 70
Feuerwehr 69, 79
Fischer, Fischerinnung 35, 55, 68, 69
Fischerstechen 66, 68
Flößerei 40
Flüsse, Fließgewässer 33, 89, 91, 95, 96
   Elbe 85
   Floßgraben 40, 83
   Luppe 83
   Mühlpleiße 6, 41
   Parthe 1, 4, 6, 8, 9, 35, 41, 55, 65, 68
   Pleiße 1, 6, 9, 11, 12, 13, 17, 33, 35, 37, 40, 41, 55, 57, 79
   Rietzschke 55, 91
   Saale 83, 85, 87
   Unstrut 83
   Weiße Elster 1, 9, 33, 37, 41, 55, 57, 58, 79, 82
Flußbad 55, 62
Flußbadehaus 41, 55
Flußlandschaft 89, 91, 95
Frankfurter Wiesen 28
Freibad 53, 62
Frühjahrshochwasser 28, 66, 68

Gerhards Garten 65, 66, 68
Gewässer 2, 79
Gewässerknoten, Leipziger 6, 7
Gewässersanierung 6
Gewürzmühle 37, 41
Großzschocher 68
Grundwasserbrunnen 71

Hafen 28, 79, 83, 86, 87, 88
Hallenbad 60
Hochwasserschutz 28, 37

Kanäle 28, 79, 83, 87
　Elster-Saale-Kanal 28, 79, 83, 87
　Gerberkanal (Parthe) 8
　Karl-Heine-Kanal 28, 79, 80, 81, 82, 83, 91
　Kreypau-Leipzig-Torgau-Kanal 85
　Leipzig-Saale-Kanal 85
　Mittellandkanal 87
Kanalbaupläne, Kanalprojekt 28, 79, 85
Kanalverein Berlin-Leipzig 87
Karl-Heine-Kanal, siehe Kanäle
Kirchen
　Barfußkirche 16
　Jakobskapelle 6, 35
　Nikolaikirche 1, 4, 9
　Thomaskirche 9, 65
　Kirschwehr 37, 57, 70
Klöster
　Franziskanerkloster 6, 35
　Clarenen- oder Clarissenkloster Seußlitz 6, 35
　Paulinerkloster 11, 71
　Thomaskloster 35, 53
Kopfwehr 37
Kunstmeister 12, 14

Latrine 19, 20, 21, 22, 23, 25
Latrinenschacht 20, 21, 22, 23
Laufbrunnen 71, 78
Leipziger Westendbaugesellschaft 83
Leutzscher Holz 65
Lindenau 28, 41, 86
Lohmühle 8, 35
Lurgensteins Garten 65, 92
Mahlmühle 35, 41, 42
Mahlpfahl 33, 40
Mahlrecht 35
Markt 1, 4, 9, 11, 65, 71
Matthäikirchhof 1, 4, 6, 9, 35, 44, 46, 71, 73
Mühlen 12, 33, 35, 37, 40

Angermühle (auch Jakobsmühle) 6, 35, 38, 55
Barfüßermühle, siehe Burgmühle
Burgmühle, auch Barfüßer- oder Barfußmühle 6, 35, 36, 37
Connewitzer Mühle 41
Dölitzer Mühle 41
Gohliser Mühle 40, 41, 55
Lindenauer Mühle 41
Lößniger Mühle 41
Lusitzer Mühle 37
Markkleeberger Mühle 41
Nonnenmühle 9, 12, 13, 37, 39, 40, 55, 56, 65
Schönefelder Mühle 42
Theklaer Mühle 42
Thomasmühle 9, 37, 38, 53, 92
Mühlenbetrieb 9, 37
Mühlenordnung 33, 35, 37, 40
Mühlgräben 6, 9, 33, 34, 35, 37, 89, 91, 93
　Elstermühlgraben 6, 8, 34, 37, 89, 91, 92, 93, 95, 96
　Nonnenmühlgraben 11, 40
　Pleißenmühlgraben 3, 6, 9, 11, 34, 35, 37, 41, 53, 55, 89, 90, 91, 92, 93, 95, 96
Mühlrad 33
Müller 33, 35, 37, 41, 42

Nachttopf 19, 23
Naundörfchen 5, 6, 35, 92, 95
Nonne 68
Ölmühle 35, 37, 41, 42

Parthenniederung, Parthenaue 1
Pferdeschwemme 55, 56
Plätterei 51
Plagwitz 28, 65, 83
Pleiße ans Licht (Aktion) 6, 89, 95
Poliermühle 9
Projekt Neue Ufer 89, 92, 95, 96
Pumpe 18, 71

Quelle 11

Rannische Vorstadt 6
Regulierung 9, 28
Renaturierung 89, 95, 96
Röhrkästen, Röhrbrunnen 11, 14, 18, 71, 74
Röhrmeister 11, 14
Röhrwasserplan 13, 15, 71
Rosental 46, 55, 65, 66, 68
Rosentalwehr (Gohliser Wehr) 41, 89

Saugbrunnen 71
Schiffahrt 83
Schleifmühle 35
Schleußiger Holz 68
Schlittschuhlaufen 65, 67
Schneeballschlacht 65, 67
Schneidemühle 35, 41, 42
Schönefeld 55
Schöpfbrunnen 71
Schöpperitz Wiesen 11
Schwägrichens Garten 74
Schwimmanstalt 57, 59
Schwimmunterricht 57
Schwimmverein 62
Seestadt Leipzig 28, 31, 32
Stadt-Kultur-Projekt Leipzig 89, 95, 96
Stadtmühle 41
Stadtviertel
　Grimm(a)isches Viertel 4, 14
　Hallisches Viertel 4, 14
　Petersviertel 13
　Rannisches Viertel 4, 13
Stichkanal 16, 83
Sümpfe 57, 83

Tabaks(Schnupftabaks-)mühle 35, 37, 41
Teiche
　Johanna-Teich 70
　Schimmels Teich 66, 67, 70

Schwanenteich 65, 67, 68, 70
Thonberg 11, 12
Toilette 21
Trinkbrunnen 78
Trinkwasser 11, 12, 13, 16, 18
Trockenböden 47, 52
Trockenlegung 89
Trockenplatz 45, 46, 47

Überschwemmung 6, 28, 31
Ufer, Ufereinfassung 35, 89

Volksschwimmhallen, siehe
Bäder

Walkmühle 35, 37
Wannenbad 55

Waschbrett 47, 48
Waschfrau 44, 46
Waschlauge 44, 47, 51
Waschmaschine 43, 47, 48, 49, 51
Waschmittel 43, 49, 52
Waschtag 43, 44, 50
Wäsche 43, 44, 46, 47, 48, 51, 52
Wäscherei 51
Wäschewaschen 43, 47
Wasserkraftanlage 35
Wasserkünste 11, 18, 37, 56, 68, 71
   Bauersche Wasserkunst 11, 40
   Rote Wasserkunst 12, 13, 14, 17
   Schwarze Wasserkunst 12, 13, 14, 17
Wasserleitung 11, 13, 14, 23
Wassermangel 12, 40

Wassermühle 33, 34, 35
Wasserqualität 91
Wasserrad 11, 13, 16, 33, 41, 42
Wassersnot 27, 28
Wasserspiele 11, 78
Wassersport 79
Wasserstelle 14, 16
Wasserstraßen,
Wasserstraßennetz 28, 79, 85, 87
Wasserturm 12
Wasserverbrauch 18
Wasserwerk 18
Westvorstadt 28
Wölbleitung 89, 90, 92, 96

Ziehbrunnen 71
Zierbrunnen 74

Bildnachweis

Archäologisches Landesamt Dresden 20, 21, 22, 24 u, 25
Heinz-Jürgen Böhme 90 ru, 94
Andreas Mai 82, 84, 86
Arne Reinhardt 90 l
Sächsisches Staatsarchiv Leipzig 90 ro
Staatliche Museen zu Berlin,
Museum für Volkskunde 31
Stadtgeschichtliches Museum Leipzig Titel, Frontispiz, 4, 7, 8, 12, 13, 15, 17, 18, 24 o, 29, 30, 34, 36, 37, 38, 40, 44, 45, 48, 49, 50, 51, 54, 55, 56, 58, 59, 60, 61, 63, 66, 67, 69, 70, 71, 72, 73, 74, 76, 77, 80, 81
Für Reproduktionen danken wir Christoph Sandig.
Die Zeichnungen auf den Seiten 3 und 5 stammen aus: Herbert Küas, Das alte Leipzig in archäologischer Sicht, © Deutscher Verlag der Wissenschaften Berlin 1976
Die Karte von Seite 2 entnahmen wir: Wolfgang Schneider, Leipzig, © Gustav Kiepenheuer Verlag Leipzig und Weimar 1990

ISBN 3-910034-05-5

© Stadtgeschichtliches Museum Leipzig 1994

Ausstellung
Konzept: Alice Hecht, Renate Lübke,
Katrin Sohl
Realisierung: Ziska-Design, Leipzig
Dauer der Ausstellung:
30. Juni bis 4. September 1994

Begleitbuch
Redaktion: Ursula Oehme, Claudia Kloeppel
Gestaltung: Ziska-Design, Leipzig
Repro: grafotex, Leipzig
Druck, Bindearbeiten:
Klingenberg Buchkunst Leipzig GmbH

Stadtgeschichtliches Museum Leipzig
im Alten Rathaus
Direktor Dr. Klaus Sohl
Markt 1, 04109 Leipzig,
Telefon/Fax: (03 41) 7 09 21

Öffnungszeiten:
Dienstag bis Freitag 10 bis 18 Uhr
Samstag/Sonntag   10 bis 16 Uhr

Titel:
Johann Michael Senckeisen, GrundRiß des RöhrWassers
sampt allen Gebäuden der Stadt Leipzig,
farbige Federzeichnung, 1693, Mitteltafel

Frontispiz:
Wehr bey der Lindenauer Mühle,
Aquarell, um 1790